Willi Hoffsümmer

Gott und die Welt der Kinder

Willi Hoffsümmer

Gott und die Welt der Kinder

Religiöse Erziehung
im Vor- und Grundschulalter

Herder
Freiburg · Basel · Wien

Gestaltung: Finken & Bumiller
Umschlagbild: Tony Stone
Herstellung: Freiburger Graphische Betriebe
Gedruckt auf umweltfreundlichem,
chlorfrei gebleichtem Papier
ISBN 3-451-26870-1

Inhaltsverzeichnis

Abkürzungen

»Troubadour«   =   Liederbuch »Troubadour für Gott«, mit fast 750 modernen geistlichen Liedern, mit Noten und Gitarrengriffen.
Derzeitiger Preis DM 16,80. Zu beziehen beim Kolping-Bildungswerk, Sedanstr. 25, D-97082 Würzburg

»100 Ideen«   =   Willi Hoffsümmer, »Von der Schöpfung, Gott und Jesus erzählen.
100 Ideen für 3-7jährige.
Mit Geschichten und Gegenständen durch das Kirchenjahr«, Grünewald-Verlag, Mainz

I Das Wichtigste nicht vorenthalten

Wenn ich bei einer Vortragsreise in Österreich, der Schweiz oder in Süddeutschland herumkomme, mache ich überall die gleichen Beobachtungen: In den Gottesdiensten sind nur noch wenige Kinder und fast keine Jugendlichen. In manchen Gemeinden können die Kirchentüren in spätestens zwanzig Jahren geschlossen werden, falls die geistliche Großwetterlage sich nicht ändert. Dabei ist es zu einfach, alles dem Stimmungstief und den ›Eigentoren‹ der katholischen Kirche anzulasten, denn in der evangelischen Kirche erscheint die Krise noch größer, obwohl sie keinen Papst als Zentralfigur hat, sich nicht am Zölibat reibt und die Gleichstellung der Frau praktiziert. Es handelt sich wohl mehr um eine Kulturkrise, denn nicht nur alle Weltreligionen, auch Politiker, Hilfsorganisationen und Vereine klagen darüber, Jugendliche für ihre Ziele nicht mehr begeistern zu können. Was ich mit Kulturkrise meine? Gameboys und Tamagotchis im Kindergarten! Nicht mehr nur bei Musik Hausaufgaben machen, sondern bei laufendem Fernseh- oder Videoprogramm! Die laute hektische Welt einer Freizeitgesellschaft, die mit reizvollem Zeitvertreib die Sinne vernebelt! Aufgemotzte Medien, die mit immer schnelleren Schnitten neue Kitzel bieten! So wälzt sich eine zähe Asphaltschicht über die Seelen vieler Kinder, die dann Stille als »ätzend« und »langweilig« empfinden. Natürlich sind auch viele Erwachsene und Senioren wegen der Dauerberieselung unempfindlich geworden. Wo sich allerdings Pfarreien um Kinder und Jugendlichen bemühen, z.B. in ansprechenden Familiengottesdiensten, da tauchen sie noch auf. Eine kleine Schar gläubiger Eltern nimmt dankbar das Angebot von Kleinkindergottesdiensten an, weil sie erkannt hat, daß eine religiös-christliche Erziehung ihre Kinder gegen die Bedrohung durch Sekten und Süchte stabilisieren kann. Jungen Eltern, aber auch allen, die sie begleiten, möchte ich mit diesem Buch ein paar Hilfen an die Hand geben. Mich motivierte dazu folgende Geschichte von Ephraim Lessing:

Ein Schäfer rief der Nachtigall zu: »Warum singst du nicht mehr?«

»Ach«, gab sie zur Antwort, »hörst du denn nicht das Gequake der Frösche (und hier können Sie alles einordnen, was die Erziehung junger Menschen heute so schwierig macht)? *Da verliere ich alle Lust!«*

*»Aber«, meinte der Schäfer, »ich höre sie nur deshalb so deutlich, weil ich **deine** Stimme nicht mehr vernehme!«*

Ich weiß nicht, ob meine Ausführungen nun dem Gesang der Nachtigall ähneln, aber Schweigen oder Klagen ändert die Situation jedenfalls nicht.

Was Marie-Luise Kaschnitz schon vor Jahrzehnten erahnte, ist wirklich eingetroffen: Sie erzählte von einem kleinen Jungen, der in einer alten Schachtel einen vergilbten Weihnachtsstern findet. Er will mehr dazu wissen, aber die Mutter sagt ablehnend: »Ach, Weihnachten war ein langweiliges Fest, die Familie stand um einen geschmückten Baum und hörte den Liedern zu, die aus dem Fernsehen kamen. Komm, du darfst den Stern in den Müllschlucker werfen und aufpassen, wie lange du ihn noch siehst.« Die Mutter kennt noch das Brauchtum, weiß noch den Baum zu schmücken, aber mit dem kleinen Jesus in der Krippe kann sie nichts mehr anfangen, oder es klingt wie ein Märchen aus Tausendundeiner Nacht. Dann passiert es: Die Mutter muß zur Tür, weil es klingelt. Und als sie wiederkommt, steht das Kind immer noch über den Müllschlucker gebeugt. »Ich sehe ihn immer noch », flüstert es, »er glitzert, er ist immer noch da!«

Die Reste christlichen Brauchtums sind immer noch faszinierend genug, Sehnsucht zu wecken: Kinder sind von Natur aus dem göttlichen Ursprung näher. Sie sind religiöse Menschen. Ihre Seelen spüren: Es muß mehr als alles Sichtbare geben, mehr als das, was ich kaufen kann. Mehr als Ballettunterricht, musikalische Früherziehung und gute Zeugnisse, die auf die Leistungsgesellschaft vorbereiten.

Man kann doch nicht auf Dauer von
Kühlschränken, Politik, Finanzen und
Kreuzworträtseln leben.

(A. de Saint-Exupéry)

»Die Beziehung zu Gott ist die wichtigste, die es überhaupt gibt«, sagt der Psychotherapeut und Suizidforscher Erwin Ringel. Ähnlich Gustav Sieweth: »Wer seine (geistlich/geistige) Kindschaft verdrängt, zerstört die Wurzeltiefen des Lebens.« Viele Untersuchungen belegen: Wer *über* sich nichts Heiliges anerkennt, tritt um so hemmungsloser nach »unten«.

Folgende Ergebnisse scheinen mir wichtig:

- Wer von etwas anderem gehalten wird (= Religion), kann seelischer und geistiger Umweltverschmutzung widerstehen.
- Jugendliche ohne religiöse Bindung lassen sich eher von Teufelskulten und radikalen Strömungen anziehen.
- Die so oft geschmähten Kirchgänger zeigen im Durchschnitt eine viel größere Hilfsbereitschaft als Nicht-Kirchgänger (nach Untersuchungen des Pastoraltheologen und Religionssoziologen P.M. Zulehner). Ein Beispiel für soziales Engagement sind die halbe Million Sternsinger, die sich in der erfolgreichsten Kinderaktion der Welt jedes Jahr in Deutschland aufmachen, um an den Türen für Kinder in der sogenannten Dritten Welt zu singen. Sie setzen sich zu fast hundert Prozent aus Kindern der Ortskirchengemeinde zusammen.
- Die Lebensfragen: Wer bin ich? Wofür lebe ich? Wohin gehe ich? wird jedes Kind früher oder später stellen. Ohne Religion gibt es da keine befriedigende Antwort.
- Religiöse Menschen leben länger, weil sie allem gelassener ins Auge schauen und die Lebensangst sie nicht von innen her auffrißt.

Einem Kind eine **religiöse** Ausrichtung mitzugeben, ist wichtiger als eine gute Ausbildung.

Ein Betrunkener kommt mir auf dem Bahnsteig entgegen. Er tippt mit seiner Flasche gegen meine Brust: »Glaubst du an Gott?« Mir ist die Sache peinlich, ich ringe mir ein Ja ab, will noch weiterreden, seiner etwaigen Reaktion »Na, dann zeig ihn mir mal!« vorbeugen; aber er sagt nur mit müdem kaputtem Gesicht: »Mensch, hast du es gut!«

(Nach Ludolf Ulrich)

Wie wollen Sie vor Ihrem Kind bestehen, wenn Sie ihm Wesentliches, vielleicht das Wichtigste vorenthalten?!

> *Selbst die allerschlechteste christliche Welt*
> *würde ich der besten heidnischen vorziehen,*
> *weil es in einer christlichen Welt Raum gibt*
> *für Behinderte und Kranke, Alte und Schwache.*
> (Heinrich Böll)

II Das Kind von innen stärken

Falls Sie von der Notwendigkeit religiöser Erziehung, die ich im ersten Kapitel aufzeigen wollte, noch nicht überzeugt sind, darf ich Ihren Blick auf die Ursachen von Suchtgefährdung lenken. Im Raum Köln z.b. werden auf jedem Pausenhof weiterführender Schulen Drogen gehandelt. Gegen Neugierde ist kein Kraut gewachsen, aber ein Mensch, der »innen« einen Halt hat, kann leichter nein sagen.

Die ideologisch neutrale Drogenberatung stellt fest:

Schulkinder, die sich dauernd langweilen und für nichts interessieren, keine Freunde haben, übertrieben unsicher, unselbständig und entscheidungsschwach sind, sind drogengefährdet.

Deshalb rät die Drogenberatung:

• Kinder brauchen Nähe, d.h. Liebe und Vertrauen. Es genügt nicht, ein Kind im »Kopf« zu lieben, es muß diese Liebe auch erfahren können: im Schmusen und durch Hautkontakt. Ist das Kind sich dieser Zuwendung sicher, entfaltet sich seine seelische Sicherheit. Wenn also ein Kind in Ihre Arme will – und die Jahre, wo es das will, gehen schnell vorbei –, weisen Sie es nie ohne zwingenden Grund zurück. Jirina Prekop hat in ihrem Buch »Hättest du mich festgehalten« diesen Tatbestand beleuchtet: Wahre Reife und innere Freiheit wachsen nur dort, wo Bindung und Liebe erfahren wurden. Bindungslosigkeit äußert sich später in mangelndem Selbstvertrauen, geringer Frustrationstoleranz (Kinder »flippen dann viel zu schnell aus«), fehlender Geduld und der Unfähigkeit, Verantwortung zu übernehmen.

• Kinder brauchen unsere Anteilnahme und unser Interesse – nicht erst für Leistungen, schon für die Bemühung darum. Aufmerksamkeit stärkt ihr Selbstwertgefühl, und dieses kann vor der Sucht schützen. Für die Aufmerksamkeit, die man den Bemühungen eines Kindes entgegenbringen soll, gilt der Rat von Maria Montessori: »Vergleiche nie ein Kind mit einem anderen, immer nur mit sich selbst.«

- Kinder brauchen Versöhnung. Verweigern Sie sich ihrem Kind nicht über Stunden hinweg, und schicken Sie es nie ohne Versöhnung ins Bett! »So wie du bist, habe ich dich lieb!« steht an manchen Kindergärten. Wünschen wir uns in Auseinandersetzungen das nicht auch von unserem Partner?
- Kinder brauchen Grenzen, ein deutliches Ja oder Nein! Aber es hat keinen Sinn, alles mit Verboten zu regeln. Jedenfalls zeigen alle Untersuchungen, daß Abschreckung nichts bringt. Jugendliche gehen sowieso »durchs Fenster«, wenn sie sich zu etwas gezwungen fühlen.
- Kinder brauchen Rituale. Sie bieten dem Kind Beständigkeit. Ein Ritual kann schon das gemeinsame Abendessen sein, zu dem man sich Zeit nimmt.
- Kinder brauchen Vorbilder. Wenn Sie selbst zum Beispiel fernsehsüchtig oder nikotinabhängig sind, hilft nur Ehrlichkeit.
- Kinder brauchen Freiräume zum Toben. Körperliches Wohlgefühl und seelische Zufriedenheit hängen zusammen. Das kann jeder im Urlaub erfahren, wenn er nach anstrengender Bergwanderung geduscht und wohlig entspannt auf dem Bett eine Ruhepause einlegt. Kinder sind meist durch das lange Sitzen in der Schule oder vor dem Computer und dem Fernseher körperlich unterfordert. Mit den prächtigsten Mountain-Bikes ausgerüstet, verlieren sie bei 2 km Gegenwind alle Lust und »fallen« vom Rad. Viele Aggressionen würden nicht herausgeschleudert, wenn der Körper ausreichend gefordert wäre. (Hier spielt auch eine gesunde Ernährung mit: Wie oft sollen Süßigkeiten und andere Genußmittel anstelle von körperlicher Zuwendung beruhigen und trösten!)
- Kinder dürfen nicht zu häufig und zu lange allein zu Hause sein; sie brauchen jemanden, mit dem sie reden können. Wenn das nicht der Fall ist, werden sie »Singles«, die sich ihre Ecken nicht abstoßen können, weil die »Ersatzfreunde« bei den Computerspielen zu manipulieren sind. Ich weiß, daß eine zufriedene ausgelastete Mutter für das Kind besser ist als eine frustrierte, bei der sich alles nur noch um Pampers dreht. Aber wenn Eltern auch noch Karriere machen und sich in Freizeithobbys verwirklichen möchten, müssen sie bei der persönlichen wie der beruflichen Zeitplanung die Interessen der Kinder mit berücksichtigen. Wie ist das mit dem »Job-sharing«?

Die Arbeit läuft dir nicht davon,
wenn du deinem Kind den Regenbogen zeigst.
Aber der Regenbogen wartet nicht.

- Kinder brauchen gleichaltrige Freunde und einen vertrauenswürdigen Erwachsenen außerhalb des engsten Familienkreises, an dem sie sich orientieren können. Freunde sind besonders wichtig, zumal über 50 % der Kinder in Deutschland bereits Einzelkinder sind. Freunde und Freundinnen sind geheime Miterzieher; die Eltern sollten sie kennen. Bei dem Gedanken an einen erwachsenen Freund außerhalb des engsten Familienkreises befällt einen heutzutage leider Beklemmung, wenn wir an die versexualisierte Gesellschaft mit all ihren Gefährdungen sogar innerhalb des engsten Familienkreises denken.
- Kinder (und Jugendliche) brauchen vernünftige Lebensziele. Wenn eine innere Leere (»Was soll das alles?«, »Ihr habt mich in die Welt gesetzt, ihr seid die Hauptverantwortlichen!«) nicht sinnvoll gefüllt wird, müssen eines Tages ersatzweise Suchtmittel her. Wer innen nichts hat, braucht außen tausend Dinge, die aber nur betäuben, süchtig und abhängig machen. Wenn Sie bisher selber keinen Lebenssinn gefunden haben, dann suchen Sie ihn, statt ins mörderische Karussell des Konsums einzusteigen.

Soweit die Ratschläge der Drogenberatung. Haben Sie bemerkt, wie oft bei den Empfehlungen die religiöse Ebene berührt wird?

»Kinder brauchen seelische Sicherheit«, »Kinder brauchen Versöhnung« und vor allem: »Wer innen nichts hat, braucht tausend Dinge von außen, die aber doch nicht satt machen.«

Betrachten Sie manche Kinderzimmer mit all den teuren Spielsachen, Büchern und technischen Geräten: Vieles ist Ersatz für persönliche Zuwendung, für die berufstätige Eltern keine Zeit haben.

Zur Veranschaulichung des Ganzen möchte ich zwei ehemals Drogenabhängige zu Wort kommen lassen:

»Die Droge allein ist nicht das Problem. Sie steht nur am Ende einer langen Straße.« Und dann erzählten sie von ihrem Leben, das als Prototyp gelten könnte für das Leben eines Suchtgefährdeten: Vater erwerbstätig, Mutter erwerbstätig, Lebensstandard hoch, aber kein richtiger Kontakt, kein Gespräch, kein Interesse für den anderen. »Kaufen kannst du dir alles, denn Geld ist genug da, aber Geborgenheit und Zuneigung erfährst du nicht. Das einzige, was interessiert, sind die Noten. Was machst du, wenn die Noten nicht stimmen? Du fängst an zu lügen, fälschst Unterschriften, und schon beginnt das Lügengespinst. Du bist nicht stark genug, der Wahrheit ins Gesicht zu sehen und flüchtest dich in die Drogenwelt. Die Welt um dich herum macht dir Angst. Sogar, wenn ich nur Zigaretten aus dem Automaten ziehen wollte, konnte ich es nicht, ohne vorher Drogen zu nehmen.«

Weil es sich um Brennpunkte der Erziehung handelt, darf ich zum Schluß dieses Kapitels wie mit einem Scheinwerfer fünf wichtige Akzente (noch einmal) hervorheben:

Nähe schenken: Lieben – ohne Bedingungen und Vorleistungen. Dabei darf auch täglich das Wort fallen: »Habe ich dir heute schon gesagt, daß ich dich liebe!?« Die Schmusephase ist kurz, aber selbst wenn Jugendliche die körperliche Zuwendung der Eltern ablehnen, brauchen sie weiterhin deren Zärtlichkeit.

Interesse zeigen: Genauso wie Sie auf die Gesundheit oder die Ausbildung Ihres Kindes achten, braucht die kleine Person Ihre Beachtung. Es gilt, die Gratwanderung zwischen Verwöhnung und Entfaltung zu wagen.

Versöhnlich miteinander leben: Es gibt keine Schuld, die die Liebe zum Kind überwiegt. Diese Haltung kann das Kind nicht oft genug erfahren, um im »Ernstfall« unbeschwert mit seinen »Verfehlungen« zu den Eltern zu kommen. Eltern, die brüllen und toben, haben nur kurzfristige »Erfolge«. Vielleicht vereinbaren Sie mit dem Grundschulkind, daß Sie niemals negativ reagieren, wenn es kommt und »beichtet«: »Ich muß dir etwas sagen, aber schimpf bitte nicht!« Dann stimmt das Gesprächsklima.

Beständigkeit bieten: Ein beständiger Erziehungsstil schenkt dem Kind ein Geländer, an dem es sich festhalten und orientieren kann. So prägt sich langsam seine eigene Meinung. Ein Kind verwahrlost, wenn es heute überschwenglich nett behandelt und mit Geschenken überhäuft wird, sich morgen aber hart und auch brutal herumgestoßen fühlt. Ein Wechselbad der Gefühle überfordert ein Kind und behindert es darin, einen eigenen Stil und Kommunikationsgewohnheiten zu entwickeln. Deshalb sind gesetzte Grenzen für das Kind hilfreich. Was bei den Eltern von Herzen kommt, geht auch zum Herzen des Kindes.

Alltagskultur pflegen: Das Institut für Jugendforschung hat festgestellt, daß die häufigsten Gesprächsthemen zwischen Eltern und Kinder sind: »Was es zu essen gibt, was gekauft werden soll und was man in den Geschäften und bei Freunden gesehen hat.« Das prägt natürlich das Lebensgefühl, die Beziehungen und Wertorientierung. Doch der Mensch lebt nicht vom Brot allein!

III Das »dritte Auge«:
Mit dem Herzen sehen lernen

Wenn Kinder, Jugendliche oder Erwachsene nicht das »dritte Auge« haben, ist es schwierig, ihnen für das Wichtigste im Leben die Augen zu öffnen. Was ich mit dem »dritten Auge« meine?: Wir haben zwei Augen, um damit unsere immer noch herrliche Welt anzuschauen. Manche laufen aber trotzdem »blind« durch die Welt und sehen die kleinen Wunder am Wege nicht. Das Wort von Exupéry ist in fast aller Munde: »Man sieht nur mit dem Herzen gut. Das Wesentliche ist für die Augen unsichtbar.« An anderer Stelle drückt der Dichter es noch deutlicher aus: »Erwarte nichts von einem Menschen, der nur für seinen Lebensunterhalt arbeitet und nicht für seine Ewigkeit!« Das ist es. Mit zwei Augen sehe ich das Meß-, Erfahr- und Erforschbare. Aber alles Sichtbare ist eingebunden in größere Zusammenhänge, die unseren Sinnen verborgen bleiben. Nur die Augen des Herzens und des Glaubens können sie ergründen. Sie erkennen z.B. in den Symbolen Stern, Baum, Berg den Verweis des Sichtbaren auf das Unsichtbare. Ohne Symbole verkümmert der Mensch. Weil unsere schnellebige Kultur durch zu viele Kürzel, zu viel Technik und Überfütterung verflacht, wird es höchste Zeit, mit dem »dritten Auge« nach der unsichtbaren Lebenskraft Ausschau zu halten.

Folgende Geschichte(in Klammern zeitgemäß kommentiert und mit leichtem Augenzwinkern) mag das Gemeinte verdeutlichen:

Der Korb mit den wunderbaren Sachen

Es war einmal ein Mann (nicht zufällig ein Mann!), *so ein richtiger Macho, der nur an das glaubte, was er sehen, messen und wiegen konnte. Weil er die »schnelle Mark« verdienen wollte, stellte er sich einen Stall voll Kühe.* (Daran erkennen wir, daß es ein altes Märchen ist, denn wer stellt sich heutzutage den landwirtschaftlichen Betrieb voll Kühe, um reich zu werden?)

Eines Tages geriet unser Mann in Panik, denn die Kühe standen ausgemolken da. Am nächsten Morgen wieder. Wo blieb sein Profit? Er legte sich auf die Lauer.

In der Nacht, als die Sterne immer heller leuchteten, sah er (mich wundert an diesem Märchen, das er das sehen konnte) auf einer Strickleiter aus gebündelten Strahlen Sternenmädchen herabsteigen. Kichernd und singend verteilten sie sich im Stall und molken die Kühe aus – ohne Eimer! Da hielt es ihn nicht mehr in seinem Versteck. Wütend sprang er auf, um sie zu hindern und zu fangen. Aber er hatte keine Chance. Behend wichen sie ihm aus, kletterten die Strickleiter hinauf und zogen sie hoch. Doch sie waren zu schnell gewesen. Ein Mädchen hatte es nicht geschafft. Das packte er an den Haaren und hielt es fest. Da ging gerade die Sonne auf. Er sah, wie schön das Mädchen war und fragte sie: »Willst du meine Frau werden?« Das Mädchen nickte, aber machte eine Bedingung: »Du darfst nie in diesen Korb schauen!« Jetzt erst sah er den kunstvoll geflochtenen Korb unter ihrem Arm. (Nein, Männer sind nicht neugierig!) Das konnte er leichten Herzens versprechen.

Monatelang ging es auch gut, Aber immer öfter, wenn er an dem Korb vorbeikam, wurde seine Neugier wach: Was mochte darin sein? Und einmal, als sie nicht zu Hause war, hob er den Deckel und – mußte lachen: Der Korb war ja leer! Da stand seine Frau schon in der Tür und sagte: »Du hast in den Korb geschaut!« »Ach, dummes Ding!«, lachte er laut, »da ist doch überhaupt nichts drin!«

Sie schaute ihn noch einmal durchdringend und traurig an, drehte sich um und ward nie mehr gesehen!

(Erzählt nach: Laurens van der Post, Eranos Jahrbuch 1956)

Was ließ sie gehen? Das gebrochene Versprechen oder daß er in dem »Ehekorb« nichts von dem entdecken konnte, was sie bisher eingebracht hatte? An dieser Stelle möchte ich Sie fragen: Was hält Sie in Ihrer Ehe oder Partnerschaft zusammen? Das Konto, die schöne Wohnung, die exklusiven Reisen? Sind es nicht vielmehr Werte, die unsichtbar sind: Ob da noch Vertrauen ist, Geborgenheit, Sympathie, Freude, Treue ... ?

»Man sieht nur mit dem Herzen gut!« Das »dritte Auge« erkennt das Wesentliche.

– So ein Korb mit wunderbaren Sachen steht überall, zum Beispiel zu Hause. Ein Jugendlicher erkennt hier mit seinen beiden Augen nur die Eß- und Schlafstelle. Er bleibt vielleicht ein Jahr länger, weil der Kühlschrank voll ist, bekommt aber nicht mit, daß er erwartet wird oder daß die Mutter – vielleicht auch der Vater – sich erst in den Tiefschlaf verabschiedet, wenn unten weit nach Mitternacht die Tür ins Schloß gefallen ist.

– So ein Korb mit wunderbaren Sachen steht auch in der Schule. Oft meinen die Eltern, sie müßten ihren Kindern einen Riesenkürbis an Wissen vermitteln, damit sie in dieser Leistungsgesellschaft bestehen können. Sie übersehen aber, daß die wesentlichen Prozesse an anderer Stelle ablaufen: Lernen, mit Niederlagen fertig zu werden, auch mit unsympathischen Kindern und Lehrpersonen auszukommen, durch das Feuer der Prüfungen zu gehen, Geduld mit sich selbst und anderen zu haben, Freude zu erleben, wie sie nur in Gemeinschaft möglich ist ... Was macht lebensfähiger? Das angelernte Wissen oder die aufgezählten Fähigkeiten?

– So ein Korb mit wunderbaren Sachen steht auch in jeder Kirche: Welch eine kulturelle Leistung, daß hier Alt und Jung, Reich und Arm miteinander singen. Hier ist ein Ort, wo ich mich anlehnen darf, zur Ruhe kommen, mein Vertrauen auf Gott wieder stärken, die Seele wieder Flügel bekommen kann. Und all das mit dem Rückenwind einer Gemeinschaft. Wer aber das »dritte Auge« nicht besitzt, wird sich hier nur langweilen, auf die Uhr schauen, wann denn alles vorbei ist, oder so lange Ausschau halten, bis wieder ein Vorurteil über anwesende Kirchgänger intensiviert werden kann.

Ohne die Augen des Herzens und des Glaubens ist es also schwierig, das Wichtigste zu erkennen! Darum liegt hier mein Ansatzpunkt in den folgenden Kapiteln: Das dritte Auge durch religiöse Erziehung zu öffnen, um über die Wunder am Wege zum eigentlichen Wunder der Gegenwart Gottes vorzustoßen.

Meister Hora, der »Verwalter der Zeit«, im Gespräch mit dem Kind Momo:

»Denn so wie ihr Augen habt, um das Licht zu sehen, und Ohren, um Klänge zu hören, so habt ihr ein Herz, um damit die Zeit wahrzunehmen.

Und alle Zeit, die nicht mit dem Herzen wahrgenommen wird, ist so verloren wie die Farben des Regenbogens für einen Blinden oder das Lied eines Vogels für einen Tauben. Aber es gibt leider blinde und taube Herzen, die nichts wahrnehmen, obwohl sie schlagen. Denn Zeit ist Leben, und das Leben wohnt im Herzen.« (Michael Ende)

IV Das »dritte Auge« durch religiöse Erziehung öffnen

1 Die Natur mit allen Sinnen wahrnehmen
Zielgruppe: Grundschule, vereinfacht auch im Kindergarten

Es ist manchmal schwer, bei all der Reizüberflutung heutzutage noch die kleinen Wunder am Wege erfahrbar zu machen. Was ist ein Stück Brot in einer Welt, in der wir aus rund hundert Brotsorten wählen können? Was bedeutet noch Licht, wenn wir es auf Knopfdruck leuchten lassen können oder Jugendliche sich lieber im Dunkel einer Disko bewegen? Was bedeutet »Familie« für ein Schlüsselkind, das zu Hause das Menü in die Mikrowelle wirft und es anschließend einsam vor den Fernseher »reinzieht«? Empfindet es jemand als Frevel, an Karneval durch die geworfenen und nicht aufgehobenen »Kamellen« zu waten?

Die Erziehung zum Staunen über die Natur und zur Ehrfurcht vor ihr gehört bereits zur religiösen Erziehung. Wer vor einer Ameisenstraße staunend verweilt, statt sie zu zertrampeln, entwickelt das »dritte Auge«. Wer es in der Jugendherberge nicht übers Herz bringt, nach dem Frühstück die restlichen Brötchen als Wurfgeschosse zu verwenden, hat Chancen, auch etwas vom »Himmelsbrot« zu begreifen. Immer ist dabei das Kind vom Vorbild der Erwachsenen abhängig. Darum richtet sich die Frage zunächst an uns: Wie gehen *wir* mit Lebensmitteln um? Ungefähr ein Drittel der in Deutschland gekauften Lebensmittel wird laut Untersuchungen weggeworfen – als Reste oder weil das Verfallsdatum überschritten ist! Wie gehe ich, wenn ich Blumen eingekauft habe, mit der abgeknickten Blüte um: Werfe ich sie weg oder stelle ich sie in ein Gläschen? Ist der Tisch nur zweckmäßig gedeckt oder durch eine Kerze, eine Blume, eine schöne Tischdecke kultivierter gestaltet? In manchen Kindergärten steht etwas Lebendiges, z.B. eine Pflanze, auf jedem Tisch!

Es gibt viele Möglichkeiten, die Sinne für die Natur zu schärfen!

Folgende Anregungen gehen von der Pädagogik Maria Montessoris aus: Im handwerklichen Tun (umgraben, Unkraut jäten, gießen) stellt sich durch die Beanspruchung des Körpers ein Gleichgewicht zwischen Außen und Innen her, das Kind lernt im Erproben.

1.1 Die Elemente Erde, Luft, Wasser, Feuer

a) Erde

Drinnen: Jedes Kind bekommt eine kleine ausgediente Obstkiste, die halb mit Erde gefüllt wird. In die Erde wird etwas Schnellwachsendes gesät – wie Kresse oder Weizen – oder gepflanzt wie z.B. ein Fleißiges Lieschen. Es kommt darauf an, die Entwicklung der Pflanze zu beobachten und sie zu pflegen, also Verantwortung zu übernehmen. In die andere Hälfte des Kistchens legen die Kinder, was sie auf dem Weg zum Kindergarten oder zur Schule finden: ein Schneckenhaus, eine Kastanie, ein herbstlich buntes Blatt. Aus den Ferien kann eine Muschel, ein interessanter Stein hinzukommen.

Oder: Wir kneten aus Tonerde eine Schale, die vielleicht sogar gebrannt wird.

Draußen: An einer eingegrenzten Stelle im Umfeld werden Eicheln, Kastanien oder Nüsse in die Erde gesteckt. Sollen die Kinder das Wachstum schneller erleben, können auch kleine Schößlinge eingepflanzt werden. Schade, daß es meist keine Schulgärten mehr gibt! Wer die Verantwortung über ein Bäumchen übernimmt und immer wieder sein Wachstum beobachtet, wird schmerzlich getroffen, wenn es verletzt wird. Aber dabei wächst die »Antenne«!

Ein zweiter Vorschlag für draußen: Wir bauen gemeinsam eine Burg im Sand oder eine Murmelbahn.

b) Luft

Drinnen: Wir üben einen Bändertanz oder musizieren mit Blasinstrumenten: Ohne Luft schwebten die Bänder nicht, und es käme kein Ton zustande. Wir blasen Luftballons auf. Wir singen Lieder: Ohne Luft gäben unsere Stimmbänder keinen Laut von sich. Beim ersten Schrei eines Menschen füllt sich seine Lunge mit Luft. Wenn uns »die Luft ausgeht«, fehlt uns jeder Schwung zum Leben.

Draußen: Wir spielen mit Pusteblumen. Wir basteln einen Drachen und lassen ihn steigen. Wir besuchen einen Segelflugplatz. Wir lassen uns vom Wind durchpusten. Wir lassen Seifenblasen steigen und beobachten, wie der Wind sie forttreibt.

c) Wasser

Drinnen: Unser Leben, alles Leben begann im Wasser: In der Fruchtblase der Mutter wurden wir groß. Unser Körper besteht größtenteils aus Wasser. Wasser kann Krankheiten aus dem Körper spülen. Wir trinken bewußt ein Getränk. Wir gießen Blumen und erhalten so ihr Leben. Wir beobachten Fische im Aquarium. Wir malen mit Wasserfarben. Wir planschen in der Badewanne. Wir spielen mit Wasser.

Draußen: Wir besuchen ein Schwimmbad und erfahren, wie erfrischend ein Bad ist. Wir lassen uns vom Wasser tragen. Wir tauchen nach Gegenständen. Wir stauen einen Bach – ein stundenlanges Vergnügen, bei dem auch Erwachsene Spaß und Entspannung finden können.

d) Feuer

Drinnen: Wir beobachten eine brennende Kerze. Wir halten an ein brennendes Streichholz ein anderes und beobachten, wie die Flamme überspringt. Wir halten ein Brennglas in die Sonne und entzünden ein Papier. Wir spielen (unter Aufsicht) mit Kerzen: anzünden, ausblasen, matschen mit Wachs ... Wir beobachten beim Gewitter die Strahlkraft eines Blitzes.

Draußen: Wir machen eine Nachtwanderung, an deren Ende ein Lagerfeuer steht. Wir spüren die wohlige Wärme, genießen die »heimelige« Stimmung, singen Lieder, einer erzählt eine Geschichte; wir springen über das niedergebrannte Feuer.

Immer geht es darum, im Kontakt mit der Natur aufmerksam zu werden. Dabei öffnet sich das »dritte Auge«, wir lernen, über die Elemente zu staunen, dafür zu danken und verantwortungsvoll mit ihnen umzugehen.

Dies hilft später, die Symbolsprache in der Kirche besser zu verstehen: Der Mensch ist aus *Erde* gemacht und kehrt zum Staub zurück.

Gott hauchte Adam den Odem, die *Luft* ein. Mit *Wasser* wurden wir getauft. Die Zungen von *Feuer* am Pfingstfest begeisterten die Jünger, die in die Welt zogen, um die Funken überspringen zu lassen.

1.2 Der Sonnengesang des hl. Franziskus

Das Lied »Laudato si« (»Troubadour«, Nr. 378) singen begeistert Kleine und Große. In diesem Lied preist Franziskus, der faszinierende Heilige und Patron der Umweltschützer, alles, was Gott geschaffen hat, und sieht, hierin indianischer Weisheit ähnlich, die Verbindung des Menschen mit der Natur. Er spricht von »Schwester« Sonne, »Bruder« Mond, »Bruder« Wind, »Schwester« Wasser, »Bruder« Feuer, »Schwester«, ja »Mutter« Erde; selbst der Tod ist kein Feind, sondern der »Bruder«, der uns heimholt. In das folgende Franziskuskreuz (bitte vergrößern!) malen wir das Genannte in ungefähr folgender Aufteilung ein:

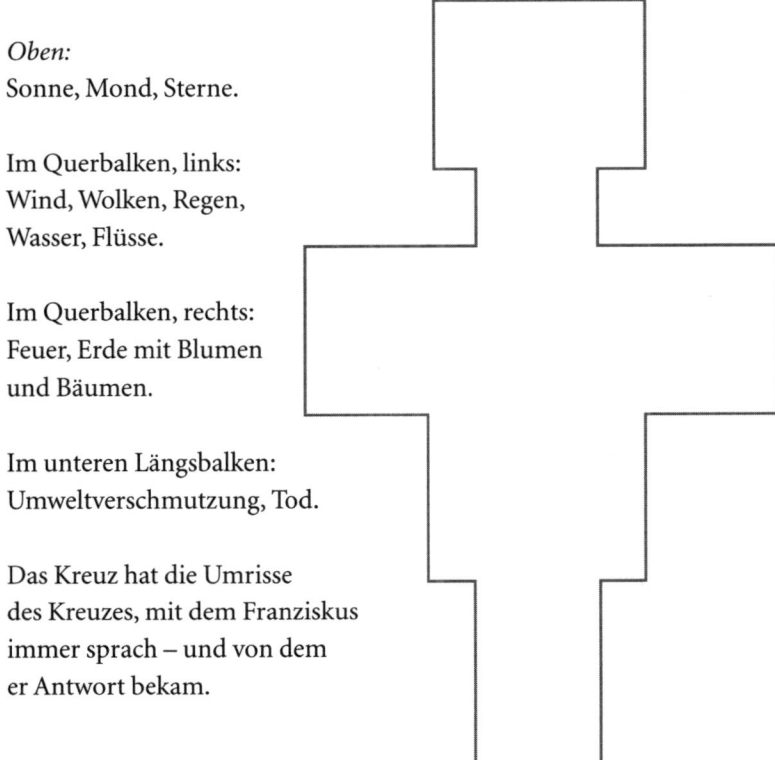

Oben:
Sonne, Mond, Sterne.

Im Querbalken, links:
Wind, Wolken, Regen,
Wasser, Flüsse.

Im Querbalken, rechts:
Feuer, Erde mit Blumen
und Bäumen.

Im unteren Längsbalken:
Umweltverschmutzung, Tod.

Das Kreuz hat die Umrisse
des Kreuzes, mit dem Franziskus
immer sprach – und von dem
er Antwort bekam.

Hier *eine* Fassung des Sonnengesangs:

Gepriesen seist du, mein Herr,
mit allen deinen Geschöpfen,
zumal der Herrin, Schwester Sonne,
denn sie ist der Tag und spendet uns das Licht.

Gepriesen seist du, mein Herr,
durch Bruder Mond und die Sterne;
an den Himmel hast du sie gestellt,
hell leuchtend und kostbar und schön.

Gepriesen seist du, mein Herr,
durch Bruder Wind und durch Luft und Wolken
und heiteren Himmel und jegliches Wetter,
durch welches du deine Geschöpfe erhältst.

Gepriesen seist du, mein Herr,
durch Schwester Wasser,
sehr nützlich ist es und
demütig und köstlich und keusch.

Gepriesen seist du, mein Herr,
durch Bruder Feuer,
durch das du die Nacht erleuchtest;
es ist schön und fröhlich, gewaltig und stark.

Gepriesen seist du, mein Herr,
durch unsere Schwester, die Mutter Erde,
die uns trägt und ernährt,
vielerlei Früchte hervorbringt
und bunte Blumen und Kräuter.

Gepriesen seist du, mein Herr,
durch alle, die verzeihen um deiner Liebe willen
und Krankheit ertragen und Drangsal.

Gepriesen seist du, mein Herr,
durch unseren Bruder, den leiblichen Tod;
ihm kann kein Mensch lebend entrinnen.

Lobet und preiset meinen Herrn
und erweiset ihm Dank
und dient ihm mit großer Demut.

(Vgl. auch Gotteslob Nr. 285)

In den freien Raum in der Mitte des Franziskuskreuzes paßt sehr schön ein Regenbogen, das Symbol der Verbindung zwischen Himmel und Erde. Mandalas nach allen vier Seiten wirken auch sehr schön. Die Kinder können die genannten »Geschwister« malen und dann ins Kreuz kleben, oder sie malen in kleinen Gruppen, die je ein Kreuz vorgelegt bekommen, direkt auf das Kreuz.

1.3 Der Regenbogen

Dieses so beeindruckende, ja überwältigende Naturereignis dient als Symbol: Der gemalte Regenbogen wird in seine Farben zerlegt, und jedes Kind erhält einen farbigen Bogen, in den es hineinmalt oder -schreibt, an was die Farbe erinnert. Anschließend wird der Regenbogen wieder zusammengelegt. (Die Reihenfolge der Farben von oben nach unten: Rot, orange, gelb, grün, hellblau, dunkelblau, violett.)
Rot: Morgen- und Abendrot, Rose, Lippen, Blut, Klatschmohn, roter Wein, Feuer.
Orange: Apfelsinen, Mango, Karotte, Kürbis, Sonnenauf- und untergang.
Gelb: Sonne, Rapsfeld, Löwenzahn, reifes Kornfeld, Wüstensand, Zitronenfalter, Sonnenblume, Mond, Sterne.
Grün: Keimende Saat, Blätter, saftige Wiese, Wasser, Frosch, Farbe der Wandtafel.
Hellblau: Himmel, Schmetterling, Vergißmeinnicht.
Dunkelblau: Meer, See, Bach, Blaumeise, Kornblume, Enzian, Rittersporn.
Violett: Veilchen, Flieder, Sonnenuntergang.

Ist der Regenbogen zusammengefügt, kann die Geschichte von Noach und der Arche erzählt werden (Gen 9,12-17). Der Regenbogen ist das Symbol der Verbindung, des *Bundes* zwischen Himmel und Erde, aber auch ein Zeichen der Versöhnung zwischen Menschen oder Kontinenten.

Auch die einzelnen Farben haben Bedeutungen angenommen und sind so zu Symbolen geworden: *Rot* für Liebe, Feuer (Feuerflammen an Pfingsten), Blut (der Märtyrer, die im Bekenntnis für Christus ihr Blut vergossen), Warnlicht; *Gelb* für Licht, Herrlichkeit, aber auch für Neid; *Grün* für Hoffnung, freie Fahrt; *Blau* für Treue, Glauben; *Violett* für Ruhe, Umkehr, Versöhnung, Buße in Advents- und Fastenzeit.

1.4 Ein Gang durch den Blumengarten

Wir betrachten Blumen:

Die Rose: Die duftende Blüte strahlt Schönheit, Sommer, Sonne und Leidenschaft aus. Sie wurde zum Symbol der Liebe: Mit ihren Dornen hält sie auch Verletzendes bereit; die grünen Blätter stehen aber für immer wieder neue Hoffnung: Verzeihen macht einen neuen Anfang möglich.

Die Sonnenblume: Sie hat in vielen Sprachen ihren Namen von ihrem sonnenähnlichen Aussehen (spanisch: gira*sol;* englisch: *sun*flower; französisch: Tourne*sol* ...). Sie richtet ihre Blüte immer nach dem Stand der Sonne. Wenn sie ihren von den Samenkernen schweren »Kopf« neigt, beginnt ihre fruchtbarste Zeit: Vögel finden bei ihr Nahrung und verbreiten zugleich ihre Samen, die dann wieder neue Sonnenblumen hervorbringen. Die Kerne werden geerntet, bereichern unsere Speisen und das Brot, dienen als Vogelfutter oder werden zu Sonnenblumenöl gepreßt. Die Sonnenblume kann uns ein Symbol dafür sein, daß wir unsere Seele in die »Sonne Gottes« halten; dann spüren wir heilende Kräfte und können unseren Schatten, unsere Schuld hinter uns lassen.

Das Gänseblümchen: Es ist klein und unscheinbar, aber ungeheuer »fleißig« und widerstandsfähig. Kaum ist der Schnee geschmolzen, lacht es uns mit frischen Blüten an, die einer kleinen Sonne gleichen, und im Herbst verschönert es den Rasen bis zum ersten Schnee. Kaum war der Rasenmäher in Aktion, treibt es wieder neue Blüten. Es bewährt sich auch als Heilpflanze: Wer täglich zehn Köpfchen wie Salat ißt, schwemmt viele giftige Substanzen aus seinem Körper.

Diese Beispiele können Ihre Phantasie anregen, einfach mit dem Kind genauer hinzusehen: Wie das Schneeglöckchen mutig den eisigen Boden durchdringt und das Frühjahr einläutet; wie das unscheinbare Veilchen weithin duften kann; wie ein Kaktus die Stacheln nie so dicht hat, daß nicht Platz bliebe für eine Blüte; wie die »garstige« Raupe sich zum wunderschönen Schmetterling entwickelt ...

Es geht darum, die »Fußspuren« Gottes zu erkennen! Eine Geschichte dazu finden Sie am Schluß dieses Kapitels.

1.5 Wir malen oder legen ein Mandala

Mandalas sind in der Regel Kreisbilder, die sich von der Mitte her oder zur Mitte hin entwickeln. Weil ihr Ausmalen Ruhe erzeugt und die Konzentration fördert, sind sie bei Alt und Jung beliebt und werden gerne als »Stille-Übung« eingesetzt. Mandalas sind Symbole für Gott, weil sie unbeschreiblich sind und eine große Harmonie ausstrahlen. Ihre Form kommt in allen Religionen vor, z.B. im christlichen Bereich in den Rosettenfenstern (Kirchenfenster in Kathedralen und Domen meist zum Westen hin). Auch in der Natur begegnen sie uns, zum Beispiel in einer Baumscheibe oder der Seerose. Wir möchten sie abgewandelt für unsere Zwecke einsetzen:

a) Wenn Sie umblättern, sehen Sie im ersten abgebildeten Mandala acht freie Felder. In sie sollen Symbole der Weltreligionen und/oder andere Symbole wie Baum, Weg, Ähre, Weintraube, Berg, Bach, Feuer, Wüste gemalt werden. In die Mitte wird eine strahlende Sonne gemalt, unter deren Wärme das meiste erst möglich wird.

b) Im zweiten Mandala liegen auf Seite 31 weniger freie Felder bereit, die mit Blumen, Tieren oder sonstigen Gegenständen aus der Natur versehen werden.

c) Die Mandalas werden nicht gemalt, sondern gelegt. Darum gehen die Kinder (im Herbst) zunächst mit Tüten oder Körbchen los und

(Aus: R.Dalke, 72 ausgewählte Mandalas aus Ost und West und aus der Mitte. Edition Neptun, Verlag H.Hugendubel, München)

sammeln Kastanien, Efeublätter, Nüsse, Steinchen, Gräser, ... jeweils nur eine Sorte. U.U. können Sie mit Muscheln, Schneckenhäusern, Bohnen, Erbsen und sonstigen kleinen Dingen aus der Natur nachhelfen. Wirksam sind auch Teelichter, Spiegelchen und Halbedelsteine. Dann wird für je fünf bis sieben Kinder ein Kreis von ca. 1,50 m Durchmesser mit Wollfäden gelegt. Die Mitte kann eine brennende Kerze kennzeichnen. Das gefundene oder bereitgelegte Material liegt außerhalb des Kreises.

Folgende Regeln gelten: Es herrscht Stille, oder es ertönt leise Meditationsmusik. Es darf immer nur *einer* legen (außer: er hilft schweigend einem anderen, dessen Absicht er erkannt hat). Es steht frei, von der Mitte oder vom Kreisrand her das Mandala zu legen. Kein Beitrag darf von einem anderen umgeändert werden. Wenn das Mandala fertiggestellt ist, kann – vor allem, wenn Teelichter eingesetzt wurden – für ein paar Minuten das Licht gelöscht werden, damit die geheimnisvolle Harmonie im mystischen Dunkel noch wirkungsvoller wird.

(Labbé, Postfach 1425, 50104 Bergheim)

Jetzt kann der Erwachsene die Lebendigkeit, Phantasie und Harmonie des gelegten Mandalas ansprechen, das ein Gleichnis für Gott darstellt. Die tibetanischen Mönche, die oft tagelang aus buntem Sand wunderschöne Mandalas legen, zerstören sie sofort nach Fertigstellung. Das soll deutlich machen: Wir können den unsichtbaren, unfaßbaren Gott auch in noch so schönen Gleichnissen nicht einfangen.

Unter denselben Regeln wird das Mandala wieder »zurückgelegt«, was Kinder und Jugendliche gerne tun. Allerdings ist darauf zu achten, daß alles *langsam* und in Stille geschieht.

1.6 Religiöse Grundsymbole

Einige Grundsymbole sind allen Weltreligionen gemeinsam: Wasser, Baum, Berg, Wüste, Weg, Sonne, Feuer, Brot, Wein ... Sie liegen in unserem Erfahrungsfeld, können aber vom Symbolgehalt her übersehen werden. Im folgenden finden Sie Vorschläge, wie einige dieser Symbole vor christlichem Hintergrund erfahrbar gemacht werden können.

a) Brot

Wir besorgen Weizenkörner, mahlen sie und backen Brot. Danke für das Brot! Aber der Mensch lebt nicht vom Brot allein! Grundschulkinder schreiben auf kleine Zettel, welcher Satz oder Gedanke aus der (Kinder-) Bibel ihnen der liebste ist. Jetzt werden Brötchen gebacken und in je eine Hälfte wird solch ein Zettel – in Backpapier eingepackt – gesteckt. Wir planen eine Wanderung zu einem Wegkreuz zu einem Zeitpunkt, an dem alle ein wenig hungrig sind. Wir setzen uns unter das Kreuz; jeder zweite bekommt ein Brötchen. Wir teilen es, essen langsam und bewußt und halten das eingebackene Zettelchen zurück. Dann, in einer Stillephase, liest jeder sein gefundenes Bibelwort vor – langsam, mit Abstand zu dem vorhergehenden Leser. Danach kann über folgende Bibelstelle gesprochen werden: »Der Mensch lebt nicht nur vom Brot, sondern von jedem Wort, das aus Gottes Munde kommt« (Mt 4,4). Eventuell kann jetzt – entsprechend dem Alter und Wissensstand der Kinder – auch noch vom Propheten Elia erzählt werden, der lebensmüde in die Wüste floh und sterben wollte. Wasser und Brot gaben ihm aber neuen Mut, wieder anzufangen (1 Kön 19,1-8).

b) Wein

Wir pressen Saft aus Trauben. Wenn möglich, wandern wir zu einem Weinberg. Wir betrachten die enge Verbundenheit von Reben und Weinstock. Die »Rebe« braucht keine Leistung zu erbringen, sie muß nur mit dem Weinstock verbunden bleiben, dann reifen die Trauben an ihr »wie von selbst«. Wir trinken den Traubensaft. (Die Beziehung zu Gott ist keine Leistung, sondern unverdientes Geschenk.)

c) Sonne

Die Sonne schenkt der Erde Licht und Wärme. Das gilt übertragen auch für Gott und Jesus Christus (vgl. GL 644: Sonne der Gerechtigkeit). Aber auch jedes Kind ist wie eine kleine Sonne für die Familie, es macht hell, wärmer und lebendiger.

Alle schreiben auf einen Sonnenstrahl ihren Namen. Die Strahlen werden um eine Sonne gelegt, in die ein Bild von Jesus gelegt wird. Wir überlegen, wo jeder einzelne die Welt etwas heller machen kann.

32

Von den »Fußspuren Gottes«

Die Geschichte von den »Fußspuren Gottes« zeigt, was geschieht, wenn Menschen mit »zwei« und mit »drei Augen« aufeinandertreffen. Die Geschichte ist als Spiel geschrieben, Sie können sie aber ohne weiteres mit der entsprechenden Betonung Ihrem Kind auch *alleine* vorlesen.

Personen: Lektor (= L.), Herr Meyer (= M.), Hadschi Halef (= H.)

L.: *Herr Meyer war sehr müde und abgehetzt. Die harte Arbeit des Jahres hatte seine Kräfte völlig aufgezehrt. Er brauchte Ferien. Diese wollte er in der Stille der Wüste verbringen, wo Telefonanrufe und Funkgerät ihn nicht stören konnten. Darum suchte er Hadschi Halef auf, einen großen Sohn der Wüste, von dem er wußte, daß er schon viele gefährliche Abenteuer bestanden hatte.*

M.: *Sehe ich den berühmten Wüstenführer Hadschi Halef vor mir?*

H.: *So ist es!*

M.: *Verehrter Hadschi Halef, ich habe von deiner Tapferkeit gehört und komme mit einer großen Bitte zu dir. Höre mich an!*

H.: *Sprich!*

M.: *Ich komme aus einem fernen Land und suche hier Ruhe und Entspannung. Ich möchte die Wüste kennenlernen mit ihrem Gestein. Ich kenne aber nicht die Wege der Wüste und nicht ihre Gefahren. So bitte ich dich, berühmter Hadschi Halef, daß du mich auf meiner Wüstenwanderung begleitest. Ich werde dir für deinen Dienst jeden Preis bezahlen und bin sicher, daß du mich gut führen wirst.*

H.: *Das werde ich!*

L.: *Hadschi Halef redet sehr wenig. Er ist still wie die Wüste. Er ist fromm. Er betet viel. Er lobt Gott, den er um sich weiß. Herr Meyer aber hält nicht viel vom Beten.*

Herr Meyer und Hadschi Halef gehen also auf die Reise. Die Kamele werden bepackt. Abschied wird genommen. Tagelang ziehen beide durch die Wüste.

Es ist wieder einmal Abend geworden. Sie lagern am Rande einer Oase. Hadschi Halef sitzt lange still vor seinem Zelt, dann kniet er nieder und betet.

M.: *Sag, Hadschi, was tust du denn da?*

H.: *Du siehst es. Ich bete.*

M.: *Zu wem betest du denn?*

H.: *Zu Allah, zu Gott!*

M.: *Zu Gott? – Gibt es den denn? Hast du ihn schon einmal gesehen?*

H.: *Nein.*

M.: *Hast du ihn schon einmal anfassen können?*

H.: *N – nein.*

M.: *Aber gehört hast du ihn?*

H.: *N – nn – nein, auch nicht!*

M.: *Aber Hadschi Halef, was bist du für ein komischer Heiliger! Du hast deinen Gott nicht gesehen, nicht gehört und auch nicht ange-faßt. Und trotzdem glaubst du an ihn und betest ihn an?*

L.: *Hadschi Halef hätte bei dieser Beleidigung am liebsten zu seiner Kamelpeitsche gegriffen. Aber er denkt: Gott hat auch Geduld mit diesem Menschen und zeigt ihm nicht die Peitsche. – Die Sonne versinkt. Nach einem kurzen Gruß kriecht jeder in sein Zelt. – Knapp vor Sonnenaufgang reißt das Rufen des Herrn Meyer Hadschi Halef aus dem Schlaf:*

M.: *Hadschi Halef, Hadschi Halef, wach auf, Hadschi Halef!*

H.: *Ja, was ist?*

M.: *Hadschi Halef, so komm doch heraus!*

H.: *Was ist denn los?*

M.: *Hadschi Halef, es muß jemand durch unser Lager geritten sein! Ein Dieb oder gar ...*

H.: *Langsam, mein Freund! Hast du den Fremden gesehen?*

M.: *Nein, aber ...*

H.: *Dann hast du ihn aber anfassen können?*

M.: *N – nein, auch das nicht, Hadschi Halef, aber ...*

H.: *Gehört hast du ihn doch sicher?*

M.: *Hadschi, nein, das auch nicht, aber ...*

H.: *Daß ich nicht lache! Gesehen hast du ihn nicht, anfassen konntest du ihn nicht, gehört hast du ihn nicht – und ich soll an deinen Fremden glauben?!*

M.: *Aber Hadschi Halef, sieh doch diese Pferdespur! Sie war gestern abend noch nicht da!*

L.: *In diesem Augenblick steigt eine blutrote, leuchtende Scheibe aus*

dem Wüstensand – die Sonne. Die Dattelpalmen der Oase glänzen
in ihrem Licht, und der Sand flimmert, als wären es lauter Edel-
steine. Hadschi Halef lächelt.

H.: *Ja, die Spur! Siehst du die Sonne, die Bäume, das Gras? Auch das ist*
eine Fußspur. Gottes Fußspur. In jedem Baum, in jedem Strauch, in
jedem Menschen finden wir seine Kraft und seine Wunder, seine
Schönheit und seine Macht. Alles ist Gottes Fußspur.

L.: *Hadschi Halef schaut lange in die herrliche Sonne und streicht*
dabei sorgfältig seine Haare glatt. Dann kniet er nieder und betet
sein Morgengebet.

(Ulrich Frey, D – 95659 Arzberg – Rothenbach,
nach einer Erzählung aus dem Orient)

2 Mit Gott sprechen
Zielgruppe: Eltern, Erzieher/innen, Lehrer/innen

Kaiser Friedrich II. führte auf der Insel Sizilien ein grausames Experiment durch, weil er die Ursprache des Menschen herausfinden wollte: Findelkinder, die erst wenige Tage oder Wochen alt waren, durften
zwar mit Essen, Trinken und Kleidung versorgt werden, aber sonst
keine Zuwendung erfahren: kein liebes Wort, kein freundliches
Lachen, kein Kuscheln oder Streicheln. Was geschah? Die Kinder blieben stumm; sie verkümmerten langsam; keins wurde groß.

Wir brauchen eigentlich nicht bis nach Sizilien zu gehen. Haben
Ehepaare sich nichts mehr zu sagen, verkümmert die Beziehung.
Wenn keine äußeren Gegebenheiten ein Zusammenbleiben nahele-
gen, ist es eine Frage der Zeit, wann sie auseinandergehen.

Unsere Beziehung zum unsichtbaren Gott verkümmert, wenn wir
mit ihm nicht mehr »wie mit einem Freund« sprechen. Irgendwann
stellen wir den Tod dieser Beziehung fest.

Darum ist »neben der Erziehung zur Wahrnehmung der Natur«
das Sprechen mit Gott entscheidend. Hier sehe ich die Schizophrenie
vieler junger Eltern: 70 % in den alten Bundesländern befürworten
eine religiös-christliche Erziehung, aber nur 20 % beten mit ihren

Kindern. Dabei ist die Seele des Kindes so offen dafür! Es lernt in den ersten Monaten zu 90 % durch Nachahmung. Wenn Sie Ihre großen Hände um die kleinen legen und einfach sagen »Danke, guter Gott, für alles!«, dann geht das in die Tiefenschichten des Bewußtseins ein – ähnlich wie während der Schwangerschaft das Streicheln des Vaters über den Bauch der Mutter. Zugleich vermittelt die Berührung dem Kind ungeheuer viel Geborgenheit und Vertrauen. Sie brauchen also nicht zu warten, bis das Kind etwas *versteht*. »Religiöse Erziehung fängt nicht mit dem Erlernen von Kindergebeten an. Entscheidend ist das warme Nest, die Atmosphäre der Herzlichkeit, die Eltern schenken« (Reinhard Abeln). Wann haben *wir* denn den Glauben erlernt? Als wir geistig wach wurden, hatten wir ihn – oder nicht. Was nicht heißen muß, daß dann alles zu spät ist. Aber einem Kind, das Geborgenheit und Liebe erfährt, fällt es leichter, einem liebenden Gott zu vertrauen, der Geborgenheit schenkt. Mit etwa eineinhalb Jahren können Kinder verstehen, was Eltern beten.

Der französische Schriftsteller Julien Green schrieb einmal: »Wenn meine Mutter kam, um mir ›Gute Nacht‹ zu wünschen, setzte ich mich in meinem Bett auf und schlang meine Arme um ihren Hals. Als ich noch kaum Worte bilden konnte, ließ sie mich mit sich das ›Vaterunser‹ auf englisch sagen. Den Kopf auf ihrer Schulter wiederholte ich die Worte, die sie ernst und langsam sagte, im halbdunklen Zimmer, in das vom Wohnraum etwas Licht eindrang ... Ich verunstaltete die Worte, die ich nicht verstand, und dennoch ging von diesem Gemurmel etwas von meiner Mutter auf mich über. Das Wichtigste von dem, was ich heute glaube, wurde mir damals vermittelt – im Halbdunkel, in dem mir eine so große Liebe gegenwärtig wurde.«

2.1 Das erste Gebet ist das Danken

Viele Ausländer stellen fest, daß Deutsche oft sehr unzufrieden aussehen, obwohl sie doch – gemessen am Elend in der Welt – im Schlaraffenland leben. In der Tat jammern wir auf einem hohen Niveau, wenn wir bedenken, daß zum Jahreswechsel regelmäßig für mehr als 160 Millionen DM Knallkörper in die Luft gejagt werden. Andere sagen: »Eure Probleme möchten wir haben ...«

Mir kommt dabei regelmäßig ein Zitat von Dietrich Bonhoeffer in den Sinn, vor mehr als fünfzig Jahren aufgeschrieben: »Undankbarkeit beginnt mit dem Vergessen, aus dem Vergessen folgt Gleichgültigkeit, aus der Gleichgültigkeit Unzufriedenheit, aus der Unzufriedenheit Verzweiflung, aus der Verzweiflung der Fluch ... (die Suizidrate in Deutschland ist zehnmal höher als im bitterarmen Mexiko). Laß dich fragen, ob dein Herz durch Undank so mürrisch, so träge, so müde, so verzagt geworden ist!«

Das Danken steht also am Anfang. Abends gehen wir mit dem Kind den Tag durch und zählen einfach Namen und Ereignisse auf, die wir mit einem »Danke« belegen: »Guter Gott, danke, daß die Oma mir vorgelesen hat; danke, daß wir am Bach spielen durften; daß der Stau auf der Straße nicht zu lange gedauert hat ...« Oder: »Danke für das schöne Wetter heute, guter Gott. Es war so schön warm beim Baden. Danke für alles!«

Dabei sollte der tägliche Erntedank nicht ausgespart sein; es ist doch nicht selbstverständlich, daß wir so viele tolle Sachen auf dem Tisch stehen haben ... (dazu mehr in diesem Kapitel unter 4: »Kinder brauchen Rituale«, Seite 47).

Folgende Geschichte zeigt die unendliche Kette des Dankes an der Gottesgabe »Brot«. Sie können sie einem Kind von drei bis vier Jahren abends vor dem Einschlafen vorlesen:

Markus ging zum Kaufladen, um ein Brot zu kaufen.
»Danke für das Brot«, sagte Markus zu der Verkäuferin.
»Danke nicht mir«, sagte die Verkäuferin, »ich habe das Brot nur aufbewahrt, bis du es gekauft hast. Du mußt dem danken, der mir das Brot gebracht hat.«
Darum sagte Markus »Danke« zu dem Bäcker. »Danke nicht mir«, sagte der Bäcker, »ich habe nur das Brot aus Mehl gebacken. Du mußt dem danken, der mir das Mehl gegeben hat.«
Darum sagte Markus »Danke« zu dem Müller. »Danke nicht mir«, sagte der Müller, »Ich habe nur das Mehl aus den Weizenkörnern gemahlen. Du mußt dem danken, der mir das Korn zum Mahlen gebracht hat.«
Darum sagte Markus »Danke« zu den Spediteuren. »Danke nicht

uns«, sagten die Spediteure, »wir haben das Korn nur transportiert. Du mußt dem danken, der uns das Korn gegeben hat.«

Darum sagte Markus »Danke« zu dem Getreidespeicher. »Danke nicht mir«, sagte der Getreidespeicher, »ich habe nur das Korn verwahrt, bis es gebraucht wurde. Du mußt dem danken, der mir das Korn gegeben hat.«

Darum sagte Markus »Danke« zu dem Landwirt. »Danke nicht mir«, sagte der Landwirt, »ich habe das Korn nur gesät und geerntet. Du mußt denen danken, aus denen das Korn gewachsen ist.«

Darum sagte Markus »Danke« zu den Samenkörnern. »Danke nicht uns«, sagten die Samenkörner, »wir brauchten andere Dinge, die uns heranwachsen ließen. Du mußt ihnen danken.«

Darum sagte Markus »Danke« zu der Erde, dem Regen und der Sonne. »Danke nicht uns«, sagten alle, »du mußt dem danken, der uns gemacht hat.«

Darum sagte Markus »Danke« zu Gott. Markus betete so:
»Danke, Gott, für die Erde, den Regen und die Sonne
und für den Samen, der wächst, und für den Landwirt.
Danke, Gott, daß du den Menschen hilfst, Getreidespeicher zu bauen. Danke für die Spediteure und für den Müller.
Danke, Gott, für den Bäcker und für den Lieferanten
und für die Verkäuferin.
Danke, Gott, für das Brot. Amen.«

(Aus: Danke für das Brot, Oncken Verlag, Wuppertal und Kassel)

2.2 Der wichtigste Augenblick für das Gebet

Die Hektik zu allen Zeiten des Tages läßt dem Gebet kaum noch Raum. Aber genauso wie verantwortungsbewußte Eltern eine Schneise in den Urwald der Freizeitangebote schlagen müssen, um noch Familie zu erleben, so wird auch jemand, dem das »Atemholen« der Seele im Sprechen mit Gott oder Hören auf ihn wichtig ist, hier bewußt einen Freiraum öffnen können.

Der wichtigste Augenblick ist abends beim Zubettgehen. Hier sollte sich auch der Vater durch eine noch so interessante Fernsehsendung nicht verweigern; er verpaßt eine große Chance, dem Kind bis in die Seele nahezukommen, wenn er das Abendgebet immer der Mutter überläßt.

Wie der Körper das Bett braucht, um sich zu erholen, so braucht auch die Seele ein Bett, in dem sie sich ausruhen kann. Für die Seele aber ist das Wichtigste die Versöhnung. Wie in einer »Tagesschau« werden die schönen und weniger schönen Ereignisse des Tages bedacht. Alles kann zum Inhalt werden; denn der Glaube berührt alle Lebensbereiche. Wenn das gegenseitige Verzeihen am Ende des Tages steht, dann hat das therapeutische Funktion, auch für den Erwachsenen: Es bannt die Ängste vor der dunklen Nacht, ich fühle mich wieder umarmt, die Seele weiß sich behütet und umsorgt und kann sich jetzt in Ruhe entspannen. Das Verzeihen ist so wichtig, daß es eigentlich *vor* das Gebet gehört.

Wenn ein Kind nicht beten will, zwingen Sie es nicht. Aber was Sie für wichtig halten, können Sie auch mit etwas Phantasie in ähnlicher Form einbringen. Eine Art Rückblick auf den Tag, verbunden mit guten Vorsätzen für den morgigen, ist auch ohne »Guter Gott« fast wie ein Gebet. Wichtiger und entscheidender als Worte aber ist Ihr eigenes Sprechen und Hören auf Gott. Kinder haben ein feines Gespür für das, was ehrlich ist.

Erst später kommen Bitten hinzu, die den Blick auf den Nächsten weiten: »Hilf dem Opa, daß er nicht so oft weint, weil die Oma nicht mehr da ist« etc. Erst ab dem vierten/fünften Lebensjahr wird auch Jesus ins Gebet miteinbezogen, je nachdem, inwieweit Jesus beim Vorlesen aus einer Kinderbibel zur Gestalt geworden ist.

2.3 Die vier Stufen des Gebetes

Erstens: Ich spreche, und du, Gott, hörst zu.
Dabei erwartet Gott nichts Perfektes!
Ein Jugendlicher sagte mir:

«Ach, ich kann nicht beten. Ich habe nie gebetet. Was muß man da tun?«
Da habe ich ihm geantwortet: »Kannst du zu deinem besten Freund sprechen?« Und er »Natürlich!« Da sagte ich ihm: »Gott ist dein bester Freund. Du brauchst nur zu ihm zu sprechen. Unterhalte dich mit ihm. Das ist einfach.« Da fragte er: »Nur das?« Und ich: »Aber ja. Du sprichst, wie du zu

deinem besten Freund sprichst. Du sagst ihm alles. Wenn du Rücken-
schmerzen hast, fängst du damit an, es ihm zu sagen. Du wirst dich mit
Gott unterhalten, und diese Unterhaltung wird zum Gebet, weil sie an
Gott gerichtet ist.«   (Aus: Jacques Neirynde, Das Rätsel Vassula, Parvis Verlag)

Herr, hilf dem Mann und der Frau,
die beten möchten,
es aber nicht fertigbringen.
Nimm ihren Wunsch zu beten als ihr Gebet.
Höre auf ihr Schweigen,
gehe ihnen entgegen in ihrer Wüste
und zeige ihnen dein Gelobtes Land.

(Mutter Teresa)

Zweitens: Du sprichst, Gott, und ich höre zu.
Hierzu eine Erfahrung des dänischen Philosophen und Theologen
Sören Kierkegaard (1813 – 1855):

Als mein Gebet immer innerlicher wurde,
da hatte ich immer weniger und weniger zu sagen.
Zuletzt wurde ich ganz still. Ich wurde ein Hörer.
Ich meinte zuerst, Beten sei Reden.
Ich lernte aber, daß Beten nicht bloß Schweigen ist,
sondern Hören.
So ist es: Beten heißt nicht, sich selbst reden hören.
Beten heißt: Still werden und still sein und warten,
bis ich Gott höre.

Da viele Leute Angst vor der Stille haben, darf ich Sie ermutigen: Set-
zen Sie sich zum Beispiel in eine leere Kirche und halten Sie nur Ihr
Herz hin. Sie können dann Gott erfahren und mit ihm Geborgenheit,
Nähe, Trost und seelische Hilfe.

Drittens: Keiner von uns spricht, wir beide hören zu.

Viertens: Keiner von uns spricht, keiner hört zu – wir werden einfach
eins wie ein Liebespaar auf einer Bank.   (Nach A. de Mello)

Die vierte Stufe ist nur durch Übung und Erfahrung zu erreichen. Sie haben aber in dem liebenden Verhältnis zu Ihrem Partner einen guten Leitfaden.

2.4 Richtig und falsch beten

»Danke, Herr, für die Gaben, die wir so reichlich genießen dürfen! Schenk uns die Kraft, noch spürbarer mit denen zu teilen, die hungern müssen!«

Sehr leicht lassen wir ein wunschorientiertes Beten zu, das sich in die Tasche lügt:

Ich darf zu Tisch nicht beten: »Lieber Gott. Danke, daß sich unsere Tischplatte durchbiegt. Hilf auch denen, die vor leeren Tellern hungern!« Dann sollte Gott für mangelndes Teilen der Menschen den Ausgleich schaffen.

Ich kann auch nicht vor einem Sportereignis eine Kerze entzünden und bitten: »Herr, laß *unsere* Mannschaft gewinnen!« In welche Situation bringe ich Gott, wenn die gegnerischen Fans ebenso eine Kerze entzünden!?

Ich kann nicht beten, wenn die 85jährige Oma mit dem Tod ringt: »Herr, laß die Oma wieder gesund werden!« Ich darf – je nachdem – wirklich darum bitten, daß sie loslassen kann und Gott sie von ihrem Leid erlöst.

Eigentlich kann jede Situation ein Gebet sein. Es geht um ein Gespräch von Herz zu Herz. Ich darf alles sagen, was mich bewegt.

Um ein Extrem zu zitieren: Selbst beim Kaffeetrinken könnte ich beten:

Irgendwie, Jesus, mag ich es sehr gerne,
eine Tasse Kaffee in den Händen zu halten.
Ich glaube, daß die Wärme der Tasse mich tröstet
und zu mir darüber spricht, wie warm Liebe sein kann.
Ich halte die Kaffeetasse an meine Wange und
höre behutsam und still. Ich puste auf den Kaffee und trinke.
Ach, Heiliger Geist, blase über mein kleines Leben,
und laß mich aus deinem großen Leben trinken.

(Quelle unbekannt)

Wir müssen richtig beten lernen, damit wir nicht durch selbstverschuldete Schwierigkeiten in Zweifel an Gott gestürzt werden!

Hinweis: Weitere praktische Angaben unter 4, »Kinder brauchen Rituale«, Seite 47.

3   Zum »richtigen« Gott beten
Zielgruppe: Eltern, Erzieher/innen, Lehrer/innen

3.1   Gefährliche Gottesbilder

Gefährliche Gottesbilder haben sicherlich dazu beigetragen, daß manch einer seine Beziehung zu Gott beerdigt hat. Aber es gilt festzuhalten: Er hat dabei nicht Gott für tot erklärt, nur sein Bild von Gott ist tot. Auch wer nicht (mehr) an Gott glaubt, glaubt. Beweisen kann keine Seite etwas. Das ist auch gut so, weil sonst die Freiheit verlorenginge, sich für oder gegen Gott zu entscheiden – und das ist die größte Gabe, die der Mensch bekommen hat.

> *»Gott ist lange tot«, wußte ein junger Mann.*
> *»Seltsam«, wunderte sich der alte Pater,*
> *»eben sprach ich noch mit ihm!«*
> (*Lothar Zenetti*)

Gott ist ganz anders als unsere Vorstellungen. Alle Religionen und Erleuchtungen bis in unsere Tage sind wie blinde Bettler, die – nach einer Geschichte vom König von Benares – einen Elefanten betasten: Der eine berührt dessen Bein und erzählt von einem Baumstamm. Ein anderer ergreift dessen Schwanz und beschreibt ein Seil. Wieder ein anderer bekommt das Ohr zu fassen und bringt den Vergleich zum Palmenblatt ... Wir könnten endlos darüber streiten.

Jesus allerdings ist der einzige, der von sich behauptet, Gottes Sohn zu sein: »Wer mich sieht, sieht den Vater« (Joh 12,45; ähnlich 14,9). Wer also etwas über Gott erfahren will, schaue sich dessen Spiegelbild an.

Folgende Gottesbilder tragen dämonische Züge, die Angst ein-
flößen und kaputtmachen:

a) Der strafende Richtergott

Der biblische Gott kommt als Richter; da hilft keine Vogel-Strauß-
Politik. Wo bliebe sonst die Gerechtigkeit? Aber er darf nicht als
rächender Gott dargestellt werden, der für die Endabrechnung am
Jüngsten Tag unerbittlich Buch führt und die kleinen Sünden sofort
bestraft. Er begegnet uns ja am Ende in verzeihender Liebe. Deshalb
ist es unangemessen, mit Gott als einem himmlischen Polizisten zu
erziehen. Auch das Kinderlied »Paß auf, kleines Auge, was du siehst,
denn der Vater im Himmel schaut immer auf dich!« ist mit Vorsicht
zu genießen. Wir haben es in »Der Vater im Himmel begleitet dich«
umgedichtet.

Ich darf Gott nicht als Erziehungshilfe verschleißen nach dem
Motto: »Wenn du jetzt nicht sofort ..., dann ist der liebe Gott sehr
böse auf dich.« Oder: »Jetzt ist der liebe Gott aber traurig. So etwas
darf man nicht!« Dabei ist das Kind vielleicht voller Hingabe und
Freude dabei, die Paste im ganzen Wohnzimmer zu verschmieren.
Dann erscheint Gott dem Kind als humorlos und hinterhältig.

b) Der überfordernde Leistungsgott

Ohne Leistung geht es nicht in unserer Gesellschaft, aber sie darf
nicht das A und O sein. »Erfolg ist keiner der Namen Gottes« sagt
Martin Buber. Wer sich wie im früheren katholischen Ablaßdenken
vor Gott aufrichtet und sich selbst auf die Schulter klopft nach dem
Motto »Ich habe geleistet, was ich schuldig bin«, wird von Jesus als
pharisäisch eingestuft (Lk 18,9–14). Aber auch mit dem »lieben
Gott«, der immer ein Auge zudrückt nach dem kölschen Schlager
»Wir kommen alle, alle in den Himmel«, liegen wir schief. Also: Ich
darf alles von Gott erwarten, dazu ist allein die vertrauende Liebe
nötig *und* die Bereitschaft zu den Opfern, die dieser Weg erfordert.

c) Das Gottesbild kann noch andere falsche Akzente haben:
Der »**Lückenbüßer**«- **Gott** soll einspringen und Nothelfer spielen, wo wir unser Ich zu breit machen und nicht selber für mehr Gerechtigkeit sorgen.

Der **Gott als Opa mit dem langen Bart**, der die Welt geschaffen hat und bekümmert dreinschaut, was wir Menschen in unserer Freiheit daraus machen. Dies Gottesbild übersieht, daß Gott auch jetzt noch am Werk ist – wir ihn aber zu wenig zulassen.

Gott als Zauberkönig, der die Hände böser Kinder verdorren oder die Höhle von Spinnen zuweben läßt, in der sich Maria mit Jesus und Josef auf der Flucht verstecken. Dies legendäre Gottesbild zerbricht zu leicht schon im Kindesalter.

Warnen muß ich auch davor, **übertrieben von Gott zu sprechen**: »Jede Blume hat er gemacht, jeden Baum; kein Kapellchen, keine Kirche bleibt unbesucht, und in der Wohnung hängen nur religiöse Bilder.« Das erzeugt schnell Überdruß.

3.2 Hilfreiche Gottesbilder
Hilfreiche Gottesbilder orientieren sich an der Bibel und an der Verkündigung Jesu.

a) Gott hat den Menschen als sein Ebenbild geschaffen
Gott hat uns in seine Hand geschrieben (Jes 49,16), er findet uns als Krone seiner Schöpfung »sehr gut« (Gen 1), er will uns das Leben in Fülle schenken, und er liebt uns so sehr, daß er seinen Sohn sandte, um uns und die Welt zu retten (Joh 3,16f). Gibt es eine höhere Würde für den Menschen, als »Abbild« Gottes zu sein?

Jeder Mensch ist von Gott
als einmaliges Original geschaffen.
Leider sterben viele als billige Kopie.

b) Gott ist wie ein guter Hirt

Mit diesem Vergleich arbeitete Maria Montessori. Wenn Sie dies Bild
dem Kind anschaulich vermitteln, das »Schäfchen« im Arm des Hirten streicheln, erzählen, wie der Hirt dem entsprungenen Schäfchen
nachgeht, dann spüren Sie im Echo des Kindes die Kraft des Bildes. In
Jesus steht uns dieser Vergleich auch anschaulich vor Augen. (Joh
10,11–15; Lk 15,1–7)

c) Gott trägt uns wie ein Adler seine Jungen

Er läßt uns auf seinen Flügeln für eine kurze Zeit ausruhen, damit wir
neue Kraft schöpfen können, wenn wir uns einmal aus dem Nest des
Lebens gestoßen fühlen. »Der dich auf Adlers Fittichen (= Flügeln)
sicher geführet« singen wir im GL 258, 2. Strophe. Laut Ex 19,4 sagt
Gott zu Mose und den Israeliten: »Ich habe euch auf Adlerflügeln
getragen.« Ein wunderschönes Bild: Sind die Jungen flügge, wirft der
Adler sie aus dem Nest, damit sie lernen, ihren eigenen Schwingen zu
trauen. Drohen sie dann abzustürzen, fängt er sie auf seinen Flügeln
auf, bis sie erholt wieder aus eigener Kraft weiterfliegen. Wie schön,
wenn ein heranwachsender Mensch weiß, daß da noch einer ist, der
ihm zwar nicht die Mühe erspart, selbständig zu werden, ihn aber
auch nicht am Boden zerschellen läßt. Einer, der »für mich da ist« (Ex
3,14) – ein schöner Name für Gott.

d) Gott ist wie ein mütterlicher Vater oder eine väterliche Mutter

Gott steht über der Polarität von Mann und Frau. Was uns Jesus im
Gleichnis vom barmherzigen Vater (Lk 15,11 –32) erzählt, ist für
damalige Zeiten und die Vorstellung vom Patriarchen ungeheuer-
lich: Da erklärt der jüngere Sohn den Vater für tot, weil er sein Erbe
ausbezahlt haben will. Als er heruntergekommen nach Hause
zurückkehrt, hätte er nach damaligen Verhältnissen vielleicht auf
den Knien näherrobben dürfen, um im günstigsten Falle einen Skla-
venpart am Hof zu übernehmen. Aber in diesem Gleichnis läuft dem
Sohn, der sich aufgemacht hat (!), der Vater entgegen und umarmt
ihn in verzeihender Güte, noch bevor der Sohn sein Schuldbekennt-
nis stammelt! (Ausgebreitete Arme hält uns schon das Kind in der
Krippe entgegen.) Auf diese barmherzigen Arme des Vaters hat sich

Jesus am Kreuz festnageln lassen, um jeden einzuladen: »Komm in meine Arme! Ich umarme dich, so wie du bist!« Gibt es ein schöneres Gottesbild, das wir den Kindern vermitteln könnten? Zumal wir nicht wissen, ob uns dieses Schäflein einmal verlorengeht und wir es ganz diesen Armen überlassen müssen.

e) Gott wird in Jesus unser Freund und Bruder und leidet mit uns

»Gott, was denkst du dir dabei, mein Kind sterben zu lassen?« Solche und ähnliche Anklagen, wie sie uns wahrscheinlich beim Tod eines Kindes über die Lippen kämen, lesen wir in dreitausend Jahre alten Psalmen häufig. Es gibt im Leben nicht nur ein Halleluja-Singen. Auch Jesus kannte Trauer und Verzweiflung. Er weint um seinen toten Freund Lazarus; am Kreuz rief er verzweifelt aus: »Mein Gott, mein Gott, warum hast du mich verlassen!« Gott leidet mit uns Menschen. In Jesus zeigt er aber, daß Leid und Tod nicht das letzte Wort haben. So kann uns bei einem »Warum?« nur dieser Jesus als Freund und Bruder helfen.

Trotzdem bleibt die Frage: »Was ist das für ein unbarmherziger Gott?« Kinder erfahren es einfach als ungerecht, wenn sie krank und behindert sind, andere aber nicht.

Zum Abschluß die notwendige Feststellung: In all diese Gottesbilder muß der **unfaßbare Gott** einfließen, der alle unsere Erwartungen, Bilder und Vorstellungen sprengt, ja zerbricht. Schon im zweiten Gebot heißt es: Du sollst dir kein Bild von Gott machen! Oder wie Paulus feststellt: »Denn Stückwerk ist unser Erkennen« (1.Kor 13,9). So betete Theresia von Avila († 1582):

> *»O mein Herr und mein Gott, wie groß sind deine Wunder!*
> *Wir sind hienieden wie einfältige, arme Hirtenknaben –*
> *und doch meinen wir, etwas von dir zu verstehen –*
> *aber es kann wahrhaftig kaum mehr als ein Nichts sein,*
> *da wir uns selbst ein Geheimnis sind.«*

Und Exupéry betete so zum unfaßbaren Gott:

> *»Und ich begehre nach einem Zeichen in der Wüste meiner Verlas-*
> *senheit. Doch ich habe begriffen, daß jedes Zeichen eitel ist; denn*
> *gehörtest du meiner Stufe an, so zwängst du mich nicht zum*

Wachsen. Und was vermag ich anzufangen mit mir, o Herr, so wie ich bin? Darum wandere ich und forme Gebete, auf die keine Antwort erteilt wird, und habe als Führung – so blind bin ich – nur eine schwache Wärme auf meinen zerschundenen Handflächen, und doch lobe ich dich, Herr, weil du mir nicht antwortest.«

(Aus: Antoine de Saint-Exupéry, *Gebete der Einsamkeit*, ¹⁸1989, Rauch Verlag)

Für Kinder umschreibt folgende Kurzerzählung das Geheimnis:

Drei Fische

Es war einmal ein kleiner Fisch, der schwamm zu seiner Mutter und fragte: »Mami, was ist dieses Wasser, von dem ich so viel höre?« Seine Mutter antwortete: »Du dummer kleiner Fisch, Wasser ist um dich herum und in dir und schenkt dir Leben.«

Und es war einmal ein kleiner Bär, der tapste zu seiner Mutter und fragte: »Mami, was ist diese Luft, von der ich so viel höre?«

Seine Mutter sagte: »Du dummer kleiner Bär, Luft ist um dich herum und in dir und schenkt dir Leben.«

Und es war einmal ein kleiner Junge, der kam zu seiner Mutter und fragte: »Mami, was ist dieser Gott, von dem ich so viel höre?«

(Aus: Wayne Dorsick: *Kinder brauchen Werte*, © alle deutschsprachigen Rechte bei Scherz Verlag Bern/München/Wien)

4 Kinder brauchen Rituale

Zielgruppe: Kleinkinder, Vorschule,Grundschulalter

Immer das gleiche Ritual in den Stadien: Einlaufen, Grüßen nach allen Seiten, Nationalhymne. Oder: Übergreifen der Arme um die Schultern des anderen, geneigte Oberkörper, Meditationsstille = sich einschwören als Mannschaft auf die gemeinsame Aufgabe. Auch bei den Zuschauern: bestimmte ermunternde Gesänge, wenn die Mannschaft erlahmt, rhythmische Welle der Körper, gemeinsames Klatschen.

Rituale auch zu Hause: Der Gutenachtkuß, Kerzen auf der Geburtstagstorte müssen ausgeblasen werden, das Glöckchen ruft zur Bescherung, Bleigießen und Feuerwerk an Silvester ...

Rituale, die nicht sinnentleert sind, schenken Orientierung und Geborgenheit, stärken das Selbstvertrauen, wirken wie ein festes Geländer oder ein schützendes Nest.

Ich erinnere mich gerne an das Ritual im Winter abends bei uns zu Hause: Da wurde erst ein heißes Bügeleisen – Mutter hatte es vorher auf dem Kohleherd erhitzt – in ein Handtuch gewickelt und ins eisige Bett gelegt, dann wurde die Bettdecke um mich geschlagen und unters Kissen gesteckt, ich bekam den Gutenachtkuß, und wehe, wenn Mutter (mir fällt erst jetzt auf, daß es nie der Vater war!) dann das Kreuz auf der Stirn vergessen hätte!

Kinder brauchen Rituale. Und nicht nur Kinder. Weil zu Hause heutzutage alles hektischer abläuft als früher, darf ich kurze Rituale beschreiben.

4.1 Am Abend

»Tagesschau« halten: Die wichtigsten Ereignisse des Tages werden bedacht. Zuerst wird Positives genannt, damit die Atmosphäre stimmt. Dann werden Negativmomente aufgearbeitet, an deren Ende das Verzeihen steht, damit die Seele ihr »Bett« bekommt. Hier kann jetzt ein Dankgebet für den Tag folgen, dann eine Bitte. Bei kleinen Kindern legen Vater oder Mutter ihre großen Hände um die kleinen. Vorgeformte Gebetstexte haben in Zeiten innerer »Trockenheit« ihre Berechtigung. Wichtiger aber sind frei formulierte Gebete, weil das Kind lernen soll, mit Gott wie mit einem Freund zu sprechen. Wichtig ist, daß das Gebet auch für den Erwachsenen stimmt! Dann bekommt das Kind den Gutenachtkuß und das Kreuzchen auf die Stirn, oder zuerst ein Herz auf die Stirn = »Ich liebe dich!«, dann das Kreuz = »Gott schütze dich!«

Albert Biesinger spricht eine Körperübung an, die Kinder ab drei oder vier Jahren mit Begeisterung machen: »Wir verneigen uns ganz tief, knien auf den Boden und gehen mit dem Kopf nach vorn, verbleiben mit dem Kopf den Boden berührend: Wir nehmen mit Gott, dem Schöpfer der Erde, Kontakt auf. Von ihm kommen wir her. Gott liebt uns. Danach lösen wir uns langsam aus dieser Gebetshaltung, gehen langsam auf die Knie, stehen langsam auf und strecken dann

Millimeter für Millimeter, in ganz kleinen Abschnitten, die Arme aus
auf Gott.«   *(Albert Biesinger, Kinder nicht um Gott betrügen, ⁸1997, S. 13)*

Beispiele für spontanes Beten:

Danke, großer Gott, du hast deine Laura lieb! Amen.

Als erstes Gebet des Kleinkindes. Später kommen hinzu:

Danke, du hast den Papa lieb und die Mama ...
Hab besonders die Omi lieb, weil sie so krank ist.
Da kann auch die Katze des Nachbarn hinzukommen, auch der
Laubfrosch und der Igel.
Großer Gott, deine Laura hat dich lieb. Amen.

Hiermit beginnt bereits die nächste Entwicklungsstufe!

Weitere Beispiele für spontanes Beten bei größeren Kleinkindern:

Danke, guter Gott, für mein schönes Bett.
Tröste alle, die jetzt weinen.
Gib uns eine gute Nacht.

Lieber Gott!
Jetzt liege ich in meinem Bett.
Hier ist es warm und mollig.
Mein Teddy liegt neben mir.
Hilf mir, schnell einzuschlafen.

Lieber Gott, ich bin so wütend,
ich mußte schon ins Bett!
Mama und Papa verstehen mich nicht.
Jetzt sitzen sie nebenan und unterhalten sich.
Ich liege hier und bin traurig.
Ich kann nicht schlafen.
Vielleicht verstehst du mich ja. Amen.

Lieber Gott,
ich habe mich lange nicht getraut,
Fahrrad zu fahren, weil ich einmal
damit hingefallen bin und mir weh getan habe.
Heute habe ich es geschafft.
Ich freue mich sehr darüber.
Es ist ein tolles Gefühl. Danke! Amen.

(Die letzten drei Gebete aus »Du bist bei mir, Kindergebete für jeden Tag«,
Kindergarten Birken-Honigsessen 1996)

Beispiele von vorformulierten Gebeten:

Nun geh' ich, guter Gott, zur Ruh',
schließe froh die Augen zu.
Für alles sei dir Dank gesagt,
was du mir gabst an diesem Tag.

> Gott, wie ein Vater, wie eine Mutter.
> Ich danke dir für alles, was heute schön war,
> für alles, was andere für mich getan haben.
> Ich danke dir für alle Menschen,
> die gut zu mir waren ... (einige aufzählen).
> Segne Vater, Mutter ... und auch mich.
> Schenke uns eine gute Nacht.

Danke für diese Abendstunde.
Danke für den vergangenen Tag.
Danke: aus meines Herzens Grunde
ich dich preisen mag.
Danke, daß du des Himmels Sterne,
danke, daß du die Welten lenkst.
Danke, daß du auch mir nicht ferne
und an mich stets denkst.

Guter Gott.
Ich möchte groß werden und froh sein.
Ich möchte auch andere froh machen.
Wir brauchen alle keine Angst zu haben,
denn du bist bei uns:
jetzt, in dieser Nacht
und morgen und immer.
Dafür danke ich dir.

Guter Vater im Himmel.
Ich danke dir, daß wir zusammen sind:
der Vater, die Mutter ... und ich.
Laß uns einander gern Freude machen.
Laß uns einander so liebhaben,
wie du uns alle liebhast.
Und jetzt segne uns!

Bleibe bei uns, Herr, denn es ist Abend geworden.
Bleibe bei unserer Familie und bei allen Menschen.
Sei bei denen, die in Angst und Not leben müssen.
Und laß auch die Kranken gut schlafen.

Gebet der Eltern:
Der Herr sei jetzt neben dir,
um dich in die Arme zu schließen.
Der Herr sei in dir, um dich zu trösten,
wenn du traurig bist.
Der Herr umgebe dich wie eine schützende Mauer,
wenn böse Träume dich beunruhigen.
Der Herr sei über dir,
um dich mit seiner Liebe zu segnen.

(verkürzt; dem hl. Patrick von Irland zugeschrieben)

Während des eigentlichen Gebetes kann auch kurz eine Kerze angezündet werden. (Streichhölzer dann wieder mitnehmen!)

Eltern können mit ihren Kindern ein eigenes Gebetbuch anlegen, das mit Bildern geschmückt wird und im Laufe der Jahre der Entwicklung des Kindes entsprechend erweitert wird.

Zum Schluß möchte ich – auch zum Schmunzeln – das Gebet eines Erwachsenen anfügen, etwa fürs Kommunionkinderalter gesprochen:

Lieber Gott, ich danke dir
für die Stunde am Klavier,
als ich heute vorspielen sollte –
doch dann fehlte Lehrer Bolte.
Bitte, mach mir meinen Hund
Jester wieder ganz gesund.

Lieber Gott, du bist allmächtig,
und ich bin noch klein und schmächtig.
Ich möchte so gern Pony reiten,
Eltern haben, die nicht streiten ...
Bitte, mach mir meinen Hund
Jester wieder ganz gesund.

Zaubre Papa einen Scheck –
und mir das Zahngespange weg,
daß ich wieder lachen kann.
Komme ich in Rechnen dran?
Bitte, mach mir meinen Hund
Jester wieder ganz gesund.

Am Sonntag, bei der Kommunion
sing' ich keinen falschen Ton.
Ich versprech', daß ich nicht lache
oder dumme Witze mache.
Bitte, mach mir meinen Hund
Jester wieder ganz gesund.

Hab ihn lieb, den alten Jester ...
Und schenk meiner kleinen Schwester

alle Zähne auf einmal,
denn ihr Schrei'n ist eine Qual.
Beschütze uns alle und halt Wacht –
Bitte! – Danke. – Gute Nacht!

(Christine Rettl, aus: Jutta Modler
Du, Jesus, hör mal zu, Geschichten und Texte zur Erstkommunion)

4.2 Bei Tisch

Das Tischgebet ist ein täglicher Erntedank. Wenn wir es vergessen, machen Kinder uns darauf aufmerksam. Wir brauchen ja einen gemeinsamen Anfang. In einer Jugendherberge bekam ich mit, wie es ausschaut, wenn der gemeinsame Anfang nicht mehr das Gebet ist. Da sagte der Lehrer: »Das Essen ist ein Hochgenuß.« Die ganze Klasse schmetterte: »Doch schöner ist ein Mädchenkuß.« Und dann haute alles rein.

Es kostet überhaupt keine Zeit, wenn alle am Tisch einander die Hände reichen. Dieses rhythmisch gesprochene, mit bewegten Händen unterstützte »Guten Appetit« kann doch leicht um ein

»Danke, Gott und allen, die es zubereitet haben!«

oder andere spontane Gebete erweitert werden! Zum Beispiel:

Großer Gott! Danke, daß meine Mama so leckere Sachen kochen kann.
Zum Glück weiß sie meistens, worauf ich Hunger habe.

Jeden Tag haben wir genug zu essen.
Dafür danken wir dir, guter Gott.
Wir wollen aber auch versuchen,
mit anderen Menschen zu teilen.

Lieber Gott. Es gibt wieder etwas Leckeres zu essen.
Dafür danken wir dir.
Laß uns aber auch an die Menschen denken,
die nur ganz wenig zu essen haben.

(Diese drei Gebete sind aus dem Kindergarten Birken-Honigsessen)

Sie merken: Frisch von der Leber weg dürfen Kinder sprechen. Gereimte Gebete wirken leicht steif. Mit Reimen kann ich meine Beziehung zu Gott verdunsten lassen. Formelgebete sind dann gut, wenn unser Herz zu müde fürs Spontane ist:

> Jedes Tierlein hat zu essen,
> jedes Blümlein trinkt von dir.
> Hast auch uns heut' nicht vergessen,
> guter Gott, wir danken dir.

Gerne gehen Kinder auch mit einem Gebetswürfel um, den Sie in christlichen Buchhandlungen erwerben können. Die Seite, die nach dem Würfeln oben liegen bleibt, wird von einem Kind, das schon lesen kann, vorgebetet, zum Beispiel:

> O Gott, von dem wir alles haben,
> wir preisen dich für deine Gaben.
> Du speisest uns, weil du uns liebst.
> So segne auch, was du uns gibst.

Beispiele für Gebete nach dem Essen:

> Guter Gott, für Speis und Trank
> sagen wir dir herzlich Dank!

Dir sei, o Gott, für Speis und Trank,
für alles Gute Lob und Dank.
Du gabst, du wirst auch künftig geben.
Dich preise unser ganzes Leben!

> Wir danken dir, du treuer Gott,
> daß du uns gabst das täglich Brot.
> Laß uns in dem, was du uns gibst,
> erkennen, Herr, daß du uns liebst.

Wir wollen danken für unser Brot.
Wir wollen helfen in jeder Not.
Wir wollen schaffen, die Kraft g bst du.
Wir wollen lieben: Herr, hilf dazu!

Alles ist zu vermeiden, was routinemäßig und leer wird. So genügt ein Kreuzzeichen vor *oder* nach dem Gebet.

Diese Erziehung zum Tischgebet kann zum Selbstläufer werden, wie jemand in einem Restaurant beobachtete:

Eine Mutter mit sechs Kindern hatte sich bei einem Ausflug in die Stadt verirrt. Da es sehr kalt war, trat sie in ein Restaurant ein und bat, eine Weile Platz nehmen zu dürfen, um sich mit den Kindern aufzuwärmen; sie hatte aber wohl zu wenig Geld dabei, um etwas zu bestellen. Der Kellner willigte ein. Da saßen sie nun etwas verschüchtert und begannen langsam, die Gäste und die Einrichtung zu betrachten. Ein Mann um die fünfzig hatte wohl den »Notstand« erkannt und gab dem Kellner beim Bezahlen seiner Rechnung einen zusätzlichen Geldschein mit dem Auftrag, der Familie eine kräftige Suppe zukommen zu lassen. Dann ging er davon.

Als der Kellner servieren wollte, hob die Frau entsetzt die Arme und wollte mit den Kindern gehen. Sie ließ sich aber überzeugen, daß ein Stammkunde für sie bezahlt habe. Da äußerte die Frau: »Dann sagen Sie bitte dem Spender, daß wir ihm sehr dankbar sind«, und wandte sich anschließend an die Kinder: »So, laßt es euch jetzt schmecken!«

Da aber faltete zunächst der älteste Junge die Hände, wie er es wohl gewohnt war, und begann zu beten. Wie selbstverständlich folgten die Geschwister seinem Beispiel; dann auch die Mutter – alle im Restaurant beobachteten sie. Die Gäste verstanden nicht, was die Kinder beteten, aber sie spürten alle, daß sie diesen Augenblick nicht wieder vergessen würden. (nach einem Kalenderblatt; in »Die Botschaft Heute«, 10/89, S. 20)

Warum trauen wir uns eigentlich meist nicht mehr, in Restaurants oder Kantinen erkennbar zu beten?

4.3 Am Morgen

Viele stehen erst im letztmöglichen Moment auf. Nicht zuletzt deshalb ergeben Umfragen, daß das Morgengebet praktisch gestorben ist.

Für Kinder nachfolgend eine Miniform, kürzer als das Zähneputzen: Das Kind malt jeweils ein Kreuz auf seine Stirn, den Mund und das Herz (wie vor dem Evangelium im katholischen Gottesdienst) und spricht dazu:

> Alles, was ich denke   (= Kreuz auf die Stirn),
> alles, was ich rede   (= Kreuz auf den Mund),
> alles, was ich tue   (= Kreuz aufs Herz),
> für dich, guter Gott!

Da in die Liebe zu Gott auch die Nächsten eingeschlossen sind, gibt dieses Gebet in den kleinen Kreuzchen die richtige Richtung an: Der Längsbalken in Richtung Gott und der Querbalken in Richtung Mitmensch.

Eine weitere Möglichkeit ist, wenigstens beim Abschied an der Tür ein Kreuzchen auf die Stirn zu zeichnen, um damit auszusagen: Ich stelle dich, bei allem, was dich bedrohen kann, in den Schutz Gottes. Oder das Kind in den Arm zu nehmen und zu sagen: »Gott möge dich schützen!«

Es ist klar, daß auch bei dieser Miniform das Kind spüren muß, wie wichtig Ihnen dieses Zeichen ist. Nehmen Sie sich mit dem Kind für das Morgengebet mehr Zeit – denn letztlich tun Sie sich damit viel Gutes.

> Großer Gott, ich bitte dich,
> schau auch diesen Tag auf mich.
> Was ich denke, rede, tu,
> gib deinen Segen mir dazu!

> Guter Vater, der Tag beginnt:
> Leg deine Hand auf jedes Kind,
> daß wir heut' bei allen Sachen
> dir und den Menschen Freude machen.

Guten Morgen, guter Gott!
Gib uns heute unser Brot!
Laß uns lachen und nicht weinen!
Lasse deine Sonne scheinen
bis in unser Herz hinein!
Du wirst immer bei uns sein.

Guten Morgen, guter Gott!
Alles hast du schön gemacht.
Mich beschützt in dieser Nacht.
Hilf mir, gut und dankbar sein!
Ich weiß, du läßt mich nie allein.

Guten Morgen, guter Gott!
Hilf mir doch, dich lieb zu haben,
dir zu danken für die Gaben,
die du jeden Tag uns gibst,
weil du deine Kinder liebst.

(Die letzten drei Gebete: Rensle/Schöpper)

Sie können die Gebete Vers für Vers vorsagen und nachsprechen lassen; natürlich auch kürzen. Weitere Gebete:

Alles, was ich bin und habe,
kommt, o großer Gott, von dir.
Du gibst jede gute Gabe,
jede Freude schenkst du mir.
Du mein Gott, hast mir das Leben,
hast die Eltern mir gegeben.
Gut bist du, du liebest mich,
guter Gott, ich liebe dich.

Guter Gott, ich danke dir,
daß du bist so gut zu mir.
Was ich habe, kommt von dir.
Was ich brauche, gibst du mir.

Drum laß mich immer dankbar sein.
Schütz alle Menschen groß und klein.

Heiliger Schutzengel mein,
laß mich dir befohlen sein.
Auch diesen Tag, ich bitte dich,
beschütze und bewahre mich.

Segensgebet der Mutter oder des Vaters

Der Herr umarme dich in jeder Angst.
Der Herr tröste dich, wenn dich Unheil trifft.
Der Herr halte seine Hand schützend über dich.
Der Herr mache dich froh und dankbar.
Der Herr lasse den Wind in deinem Rücken stehen.
Der Herr schenke dir Freundlichkeit
wie eine Sonne ins Gesicht.
Der Herr segne dich mit seiner Liebe!

(Nach einem altirischen Gebet)

4.4 An einer Kirche

Wir nehmen uns die Zeit einzutreten.

Das mystische Dunkel einer Kirche, deren Wände Unaussprechliches atmen, ist schon eine eigene Begegnung, die bis in die Tiefenschichten der Seele reicht. Wir kaufen und entzünden ein Kerzenlicht und sagen laut eine Bitte dazu, die meist eine soziale Dimension hat:

»Laß die Nachbarin bald wieder aus dem Krankenhaus sein.«

»Steh Tina heute bei der Prüfung/Klausur bei.«

»Hilf André, wieder eine Arbeit zu finden.«

Wenn Sie das einige Male getan haben, zieht das Kind Sie beim Vorbeigehen schon selbst in die Kirche.

Wenn wenig Zeit bleibt:

Ein kurzes Nicken in Richtung Kirche wie ein Gruß und der Satz: »Guten Morgen, guter Gott!« oder »Danke, Jesus, daß es dich gibt!« oder »Gelobt sei Jesus Christus!«

Das müßte auch bei einem Wegkreuz möglich sein. Oder das Kind sucht vorher ein Gänseblümchen, um es als kleinen Gruß vor das Kreuz zu legen.

Ein lebendiger Glaube braucht ständig wiederholte Übungen, aber ich darf nicht religiös überfüttern. Kurze, spontane Gebete! Das Kind spürt heraus, ob Sie es dabei nur pädagogisch begleiten. Es braucht den Quell Ihrer Glaubenserfahrungen!

Als Albert Schweitzer gefragt wurde: »*Wie erzieht man am besten seine Kinder?*« *antwortete er und lächelte dabei hintergründig:*
»*Es gibt drei Methoden: Erstens – durch Beispiel.*
Zweitens – durch Beispiel. Drittens – durch Beispiel!«

5 Besuche in der Kirche

Vorbemerkung:
*Dieses Kapitel berührt bereits eine bewußtere **christliche** Erziehung.*
Freunde aus Süddeutschland erzählten, daß vom Christentum völlig unberührte Kinder gerne und mit Neugier in eine Kirche gehen, weil sie sie als schön und staunenswert erfahren. Ist das kein Anknüpfungspunkt für »getaufte Heiden«?

5.1 Mit Kindergartenkindern
Wenn der Kindergarten nicht zu weit entfernt ist, sollte die Leitung mit dem zuständigen Pfarrer oder einer geeigneten Person Kontakt aufnehmen. Die Kirche ist oft das einzige größere historische Gebäude des Ortes. Schon kulturell gesehen ist es sinnvoll, sie von den Kindern »erobern« zu lassen, damit sie die Schwellenangst überwinden. Bei diesen Besuchen sollte ein freundlicher Empfang, ein Gebet vor dem Altarkreuz und eine oder mehrere Kerzen, die mit Anliegen vor einer Statue der Maria angezündet werden, dazu gehören. Bei jedem Besuch wird dann ein anderes Bild oder Fenster oder eine Statue neu entdeckt und besprochen. Die Kinder können auch etwas Bestimmtes suchen, worüber vorher gesprochen wurde.

5.2 Mit Grundschulkindern

Hierbei könnte eine Kirchenführung so ablaufen:

a)   Der Schwellenritus

Am Kirchenportal schauen wir, ob die Türschwellen durch jahrzehnte- oder gar jahrhundertelange Benutzung regelrecht abgeschliffen sind. Dann stellen wir uns innen am Weihwasserbecken (unter dem Turm) auf. Der »Kirchenführer« beginnt: »Eure muslimischen Freunde kennen verschiedene Waschungen vor ihrer Kirche, der Moschee: Sie sollen rein eintreten – aus Ehrfurcht vor Gott. Sie legen sogar ihre Schuhe vor der Moschee ab und betreten nur auf Strümpfen den für sie heiligen Ort, der mit Teppichen ausgelegt ist. Katholiken kennen beim Eintreten »das Waschen« der Stirn mit geweihtem Wasser, dem »Weihwasser«, das uns an unsere Taufe erinnern soll, also daran, daß wir ganz zu Jesus gehören. Darum machen wir mit Weihwasser das Kreuz über uns, ein Erkennungszeichen für Christen. Vor keinem Menschen brauchst du zu knien, selbst wenn der Papst oder der Präsident eines Landes zu Besuch käme. Nur vor Gott und Jesus Christus machen wir uns »ganz klein«, d.h., wir gehen in die Knie. Dann erst gehen wir in die Bank. Wir bekreuzigen uns jetzt alle und denken dabei an unsere Taufe, bei der uns Wasser über den Kopf gegossen wurde. Dann machen wir eine Kniebeuge in Richtung des Kreuzes vorne am Altar und drücken damit aus: »Niemand ist größer als unser Herr und Gott!«

b)   Der Grundriß der Kirche

Fast jede alte Kirche hat einen kreuzförmigen Grundriß und den Altarraum in Richtung Osten gebaut: Dabei wurde an die aufgehende Sonne gedacht und an das Wiederkommen Christi in diese Welt, das nach der Bibel im Osten anheben soll.

Wir gehen jetzt den Grundriß entlang, genauer, dem Längsbalken des Kreuzes durch den Mittelgang.

Für ein viertes Schuljahr verständlich: Wir sollen gewissermaßen ein Leben lang auf der Suche sein, um »mehr als alles Sichtbare« zu erkennen, denn es gibt auch eine unsichtbare Welt, die unseren Augen noch verborgen ist: da, wo wir Gott, die Heiligen, die Engel und die Verstorbenen vermuten dürfen. Wir singen ja manchmal:

»Wo zwei oder drei in meinem Namen versammelt sind, da bin ich mitten unter ihnen« (»Troubadour« Nr. 128). Diesem unsichtbaren Gott, der in Jesus einmal sichtbar wurde, schenken Christen ihr ganzes Vertrauen. Hier (= vor dem Altarraum) können wir uns den Querbalken des Kreuzes vorstellen:

Wer in Gottes Augen im Leben alles richtig machen will, braucht auch den Blick nach rechts und links, um zu sehen, wo Hilfe nötig ist. »Gottvertrauen und die Menschen lieben« ist der Auftrag im Hauptgebot, im wichtigsten Gebot der Liebe.

c) Die Schiffe in der Kirche

Wir stehen am Ende des Mittelschiffes dieser Kirche. Wenn eine Kirche noch größer ist oder im Laufe der Zeit vergrößert wurde, dann gibt es auch noch sogenannte Seitenschiffe. Der Begriff »Schiff« hat also für die Kirche eine Bedeutung. Davon spricht auch das Lied: »Ein Schiff, das sich Gemeinde nennt, fährt durch das Meer der Zeit ...« (»Troubadour« Nr. 22). Folgende Deutungen liegen nahe: In der Taufe wird jeder an Deck genommen. Auf dem Schiff ist eine große Mannschaft. Der Kapitän ist Jesus, der den Kurs in den Hafen Gottes kennt. Jeder muß eine Aufgabe übernehmen, damit das Schiff der Kirche flott bleibt. Wer aus der Kirche austritt, springt gewissermaßen vom Schiff ab. Natürlich kann er auch schwimmend versuchen, den Hafen Gottes zu erreichen, aber in Gemeinschaft auf Deck fällt vieles leichter.

d) Fundament – Säulen – Steine

Das »Fundament« jeder Kirche ist Jesus Christus. Er ist der Fels, der dafür sorgt, daß die Kirche auf einem soliden Fundament steht und nicht absackt. Die »Säulen« der Kirche waren die Apostel, heutzutage sind es die Bischöfe. An jeder Säule seht ihr die sogenannten Apostelkerzen und -kreuze, die daran erinnern (in modernen Kirchen ohne Säulen oft willkürlich an den Wänden gekennzeichnet). Wir alle sind die »Steine«, die fest an ihrem Platz sitzen sollen, damit weder Kälte noch Ungeziefer eindringen können und es vor allem nicht hineinregnet. Auf jeden kommt es dabei an.

Spätestens an dieser Stelle sollte die offizielle Führung enden, wenn nicht – je nach Aufmerksamkeit der Klasse – schon eher. Jetzt müßte aber noch Interessantes angefügt werden, das vielleicht sogar vorher als Reiz angekündigt wurde: Wir gehen auf die Orgelempore (vielleicht zeigt der Organist, was die Orgel hergibt!) oder über das Gewölbe, vielleicht sogar bis zur Uhr oder zu den Glocken, was je nach Beschaffenheit der Kirche nicht ungefährlich ist. Jedenfalls können auch diese Extras, z.B. der Blick aus der Wendeltreppe über den Orts- oder Stadtteil, die Schüler/innen animieren, wiederzukommen. Bei einer Wiederholung wird zu anderen interessanten Details der Kirche geführt: der alte Altar wird besichtigt, der Tabernakel genauer betrachtet, ein Kirchenfenster erklärt, eine Art Nottaufe am Taufbrunnen simuliert. Und als Zugabe wird anschließend die Sakristei gezeigt mit den kostbaren Gewändern oder einer wertvollen Monstranz oder einem goldenen Kelch; oder je zwei dürfen nacheinander auf die alte Kanzel steigen und sich wundern, wie durch ein paar Höhenmeter die Perspektive wechselt.

e) Das Wichtigste bei der Kirchenführung
ist eine Stillephase, damit spürbar wird, wie die Mauern der Kirche Ewigkeit atmen, das Mystische einer Kirche zu wirken anfängt. Erzählen Sie, wie viele Generationen gläubiger Menschen hier schon gebetet und gefeiert haben: Hätten sie ihren Glauben nicht treu und gewissenhaft weitergegeben, so stünden wir jetzt nicht hier. Eventuell kann Meditationsmusik erklingen, Sie können mit den Kindern ein Lied singen, ein Gebet sprechen, beim Entzünden von Kerzen Anliegen vor Gott tragen ... Es kann natürlich zu den Abendstunden in eine nur mit Kerzen erhellte Kirche eingeladen werden ...

6 Die Schattenseiten des Lebens annehmen
Zielgruppe: Eltern, Erzieher/innen, Lehrer/innen

Unter den »Schattenseiten« des Lebens verstehe ich Prüfungen, Krankheiten, Schmerz, Trauer und Tod. Sie gehören zum Leben und bleiben für uns Herausforderungen, die uns stärker machen können. Hier dürfen wir uns und unseren Kindern keine Hürden ersparen.

Die bekannte Ärztin Kübler-Ross drückt es so aus: »Wir dürfen die Kinder nicht überall beschützen wollen; Herausforderungen machen sie stark: Sie lassen das Kind als Sand oder als geschliffener Diamant aus der Schleudermaschine des Lebens herauskommen.«

Eine Geschichte mag das Gemeinte deutlicher machen:

Ein Mensch konnte nichts Schönes und Gesundes sehen. Als er in einer Oase einen jungen Palmbaum im besten Wuchs fand, nahm er einen schweren Stein und legte ihn mitten in ihre Krone. Mit einem hämischen Lachen ging er davon. Aber die Palme versuchte, die Last abzuwerfen. Sie schüttelte und bog sich. Vergebens. Sie krallte sich tiefer in den Boden, bis ihre Wurzeln verborgene Wasseradern erreichten. Diese Kraft aus der Tiefe und die Sonnenglut aus der Höhe machten sie zu einer königlichen Palme, die auch den Stein hochstemmen konnte.

Nach Jahren kam der Mann wieder, um sich an dem Krüppelbaum zu erfreuen. Da senkte die kräftigste Palme ihre Krone, zeigte den Stein und sagte: »Ich muß dir danken. Deine Last hat mich stark gemacht!«

Also sollten wir für uns und das Kind nicht gleich bei jedem Schmerz zur Tablette greifen, auf Quengelei nicht gleich mit Süßigkeiten reagieren, es von einem behinderten Kind nicht wegziehen oder die Pflege der alten Mutter zu schnell ins Seniorenheim verlagern. Ja, wir sollten ein Kind auch zum schwerstkranken Opa lassen! Erwachsenen fällt es oft schwer, unbefangen an das Bett eines Schwerkranken zu treten; ein Kind verhält sich viel natürlicher, nimmt die Hand des Opas und spricht mit ihm über normale Dinge, bei denen es uns das Herz zusammenkrampft. Ich gehe sogar so weit, daß ein Kind einen aufgebahrten, ihm bekannten Toten sehen darf, wenn sein Anblick natürlich und nicht entstellt ist. Die Natur schützt ein Kind. Wovor wir Erwachsenen lieber die Augen schließen, was wir unter Umständen verdrängen, dem steht ein Kind oft viel offener und natürlicher gegenüber, wenn wir nicht unsere Ängste auf das Kind übertragen. Natürlich soll auch ein Kleinkind an einer Beerdigung teilnehmen. Trauer und Tod gehören zum Leben! Warum gaffen an Straßen und Autobahnen die Leute so entsetzt Schwerverwundete und Tote an? Wahrscheinlich haben sie noch nie solche aus der Nähe gesehen! An

Gräbern habe ich nur dann weinende Kinder erlebt, wenn alle Erwachsenen übermäßig die Fassung verloren und die Atmosphäre für das Kind neu und bedrückend war.

Da erschießt sich ein Sechzehnjähriger, weil sich seine Eltern für ihn das Abitur wünschen, er aber mit diesem Leistungsdruck nicht mehr leben kann. Lag es auch daran, daß ihm in der Kindheit zu viele Hürden weggeräumt wurden? Warum sind Menschen, die Verantwortung übernehmen müssen, nicht mehr so belastbar wie früher?

Wer in Japan in einem geistlichen Kurs unter Anleitung den heiligen Berg Fudschijama ersteigt, lernt dabei drei Werte fürs Leben kennen: Betrachten, Fasten, Sich-Anstrengen. Davon scheint unserer Wohlstandskultur einiges abhanden gekommen zu sein. Khalil Gibran sagt: »Mit einer Weisheit, die keine Tränen kennt ..., will ich nichts zu tun haben.«

Wer die Lebenslaufbahn seiner Kinder
zu verpfuschen gedenkt,
der räume ihnen alle Hindernisse weg.
(*Emil Oesch, Schriftsteller und Verleger*)

Zur religiösen Erziehung gehört, Kinder auch die anstrengenden und belastenden Seiten des Lebens aushalten zu lassen. Dazu zählt auch ein so altmodisch gewordener Begriff wie »verzichten«. Kinder, die sich unentgeltlich an einer Aktion wie dem »Sternsingen« beteiligen, merken: Sich einsetzen für eine gute Sache befriedigt und macht froh! Sie müßten die strahlenden Augen sehen, wenn eine Gruppe nach Stunden müde und vor Kälte bibbernd stolz die Büchse abgibt, in die sie für kranke und behinderte Kinder in aller Welt Geld gesammelt haben! Wie viele Kinder dürfen das nicht mehr erleben! Folgende Fabel mag aufzeigen, wie wichtig Herausforderungen sind:

Der Kampf

Ein Mann fand einen Schmetterlingskokon und nahm ihn mit nach Hause, um den Schmetterling schlüpfen zu sehen. Eines Tages wurde eine kleine Öffnung sichtbar. Während mehrerer Stunden kämpfte der Schmetterling, doch es schien, als könne er seinen Körper nicht über

einen bestimmten Punkt hinaus bringen. Da glaubte der Mann, daß
etwas nicht richtig sei, und nahm eine Schere, um den Rest des Kokons
aufzuschneiden. Der Schmetterling schlüpfte mit Leichtigkeit heraus:
ein großer, aufgedunsener Körper mit kleinen, schrumpeligen Flügeln.
Der Mann dachte, daß sich die Flügel in ein paar Stunden zu ihrer
natürlichen Schönheit entfalten würden, doch es geschah nicht. Anstatt
sich in ein Geschöpf zu verwandeln, das frei war zu fliegen, verbrachte
der Schmetterling sein Leben damit, einen geschwollenen Körper und
aufgedunsene Flügel mit sich herumzuschleppen. Der enge Kokon und
der Kampf, der nötig ist, um durch die enge Öffnung hindurchzuschlüp-
fen, sind der Weg der Natur, Flüssigkeit vom Körper in die Flügel zu
zwingen. Der ›gnadenvolle‹ Schnitt war in Wirklichkeit grausam.

(Quelle unbekannt)

Manchmal ist ein Kampf genau das, was wir brauchen.

7 Das Loslassen üben
Zielgruppe: Eltern

Zur religiösen Erziehung zählt auch, das Loslassen zu üben. Es
schnürt einer Mutter sicherlich das Herz zusammen, wenn beim
fünften Kindergartenbesuch die Dreijährige voller Freude die Erzie-
herin umarmt und küssen will. Da beginnt das Loslassen! Und das
Schwärmen für die Lehrerin oder den Lehrer nabelt langsam aber
sicher das Kind von den Eltern ab.

Wenn bei der Taufe der/die Taufende dem Kind die Hand auflegt,
um daran zu erinnern, daß Jesus den Kindern die Hände auflegte und
sie segnete, dann kann er/sie auch sagen: Meine Handauflegung soll
deutlich machen, daß Gott seine Hand auf dieses Kind legt. Es bleibt
sein Eigentum. Es ist uns nur für ein paar Jahre anvertraut, damit wir
ihm das Beste mitgeben. Und diese Jahre sind kurz genug, bevor es
seine eigenen Wege geht, gehen muß.

Am schönsten bringt Khalil Gibran diese Weisheit in seinen welt-
berühmten Versen zum Ausdruck:

Deine Kinder sind nicht deine Kinder.
Sie kommen durch dich, aber nicht von dir;
und sind sie auch bei dir,
so gehören sie dir doch nicht.
Du darfst ihnen deine Liebe geben,
aber nicht deine Gedanken;
denn sie haben ihre eigenen Gedanken.
Du kannst ihrem Leib ein Heim geben,
aber nicht ihrer Seele;
denn ihre Seele wohnt im Haus von morgen,
das du nicht betreten kannst,
nicht einmal in deinen Träumen.
Du kannst versuchen, ihnen gleich zu werden,
aber versuche nicht, sie dir gleich zu machen;
denn das Leben läuft nicht rückwärts,
noch verweilt es beim Gestern.
Du bist der Bogen, von dem deine Kinder
als lebende Pfeile entsandt werden.
Der Schütze (Gott) spannt dich mit seiner Macht,
auf daß seine Pfeile schnell und weit fliegen.
Laß den Bogen von der Hand des Schützen
auf Freude gerichtet sein;
denn so wie er den Pfeil liebt, der fliegt,
so liebt er auch den Bogen, der fest ist.

(aus: Khalil Gibran, Der Prophet, © 1973 Walter Verlag, Zürich/Düsseldorf)

Das Schwierigste erscheint mir, den Stützpfahl, den ein junges Bäumchen braucht, um von einem Sturm des Lebens nicht geknickt zu werden, in der Pubertät rechtzeitig wegzunehmen – nicht zu früh und nicht zu spät.

V Von der religiösen zur christlichen Erziehung

Zielgruppe: Eltern, Erzieher/innen, Lehrer/innen

Bei Hausbesuchen bringe ich Gastgeber manchmal in Verlegenheit. Es gibt immer noch welche, die meinen, mir demonstrieren zu müssen, wie christlich sie sind und in etwa sagen: »Wir laufen zwar nicht die Kirche um, aber wir hatten noch nie mit der Polizei zu tun, halten also die Gebote, beten, glauben an ein Weiterleben nach dem Tod ...« »Das ist«, sage ich meist, »in der heutigen Zeit schon recht viel, aber das hat noch nichts mit eigentlichem Christentum zu tun!« Hörbar tiefes Durchatmen. »Ja«, fahre ich fort, »das können auch Muslime, Buddhisten, Hindus und Indianer sagen. Sie halten auch die Gebote, beten und glauben an ein Weiterleben nach dem Tode!«

Das Christentum fängt da an, wo einer bewußt in die Fußstapfen Jesu und seiner Kirche tritt.

Und doch sind die Übergänge von der religiösen zur christlichen Erziehung oft sehr fließend. Sonst wäre es ja auch unvorstellbar schwer, auf der Erdkugel alle Religionen im Bemühen um das Heil des Menschen annähernd zusammenzuschmieden.

Den fließenden Übergang darf ich an nebenstehendem Bild erklären.

Sie sehen einen Daumenabdruck, der bei fast sechs Milliarden Menschen zwölfmilliardenfach verschieden ausfällt. Mitten hinein hat ein Künstler ein Gesicht gemalt, das Sie besser erkennen, wenn Sie das Bild etwas entfernter betrachten.

Wir sehen ein Gesicht, das männliche und weibliche Züge trägt, also ein »Mittelding« von Mensch, der ja aus Mann und Frau besteht. Und jeder ist Abbild Gottes.

Religiöse Erziehung heißt nun: Ich bringe meinem Kind bei, nie einen Menschen ins Gesicht zu schlagen oder ein anderes Lebewesen mutwillig zu verletzen, also kein Tier zu quälen und keine Pflanze leichtfertig zu vernichten, weil ich dadurch dem Schöpfer selbst ins Gesicht schlage. Die Schöpfung gilt als Kleid seiner Herrlichkeit, das ich besudele, wenn ich sie nur unter dem Gesichtspunkt der Ausbeutung sehe.

Christliche Erziehung heißt: Ich bringe meinem Kind bei, nie einen Menschen ins Gesicht zu schlagen, weil ich dann Jesus selbst ins Gesicht schlage; denn so steht beim Evangelisten Matthäus (25, 40.45): »Was ihr für einen meiner geringsten Brüder und Schwestern (nicht) getan habt, das habt ihr mir (nicht) getan.« Ich begegne also in jedem Menschen unserem Bruder Jesus Christus.

Das war ja zum Beispiel die große Motivation der Mutter Teresa (und so mancher Heiliger): Sie blickte täglich über den Tag verteilt drei bis vier Stunden mit ihren Schwestern auf Christus in der Gestalt des Brotes, dann berührte sie die übrige Zeit in den Slums Jesus in den Kindern und im zerstörten Leib der Abgeschriebenen und Sterbenden.

Oder ich erzähle aus der Lebensgeschichte des heiligen Martin: Nachdem er seinen Mantel mit dem Bettler geteilt hatte, sah er im Traum Christus, der den halben Mantel um die Schultern trug: »Das hast du mir getan!«

In den folgenden Kapiteln darf ich aufzeigen, wie eine christliche Erziehung konkret aussehen kann. (Konkrete christliche Erziehung beinhalten aber auch schon die Kapitel IV.4 »Kinder brauchen Rituale« und IV.5 »Besuche in der Kirche«.)

VI Christlich erziehen

1 Das Kirchenjahr mitfeiern
Zielgruppe: Eltern, Erzieher/innen, Lehrer/innen

Vieles vom Kirchenjahr ist schon zum leeren Brauchtum verkümmert und regelrecht verweltlicht, so daß die Heranwachsenden es schwer haben, noch den Kern christlicher Feste zu erkennen. Dazu schreibt Peter Morgenroth: »Aschermittwoch ist als Anlaß für politische Hetzjagden bekannt. An Himmelfahrt ist Vatertag. Zu Pfingsten ist Reisezeit. Fronleichnam kleidet sich folkloristisch. An Allerheiligen besucht man den Friedhof. Der Buß- und Bettag ist offiziell abgeschafft. Am Martinstag ist Laternenfest für die Kleinen.«

Wenn Sie bewußt gegensteuern, d.h. auch *gegen* den Strom der Umgebung schwimmen wollen, sind bestimmte Voraussetzungen nötig.

1.1 Voraussetzungen
a) Warten können
Zwei Monate vor dem Martinsfest können Sie den Weckmann kaufen. Und wenn dann endlich das Fest gekommen ist, mag ihn kaum noch einer essen. Spekulatius werden – wenn nicht schon während des ganzen Jahres – ab September angeboten. Im Weihnachtsteller bleiben sie liegen. Bei manchen liegt das Jesuskind schon Wochen vorher in der Krippe, von geschmückten Weihnachtsbäumen im Advent ganz abgesehen. Bunte Party-Eier, die während des ganzen Jahres erhältlich sind, nehmen der österlichen Zeit ein Stück Glanz. Ich habe einmal einen Vater erlebt, der schon zwei Wochen vor Ostern mit seiner kleinen Tochter auf Ostereiersuche war.

Viele Menschen können nicht mehr warten. Geduld kommt abhanden. Genuß sofort! Wen wundert es dann, wenn Sechzehnjährige im ersten Verliebtsein auch nicht warten können.

b) Ehrlich bleiben

In der Sexualerziehung erzählt niemand mehr vom Klapperstorch, weil es sich herumgesprochen hat, daß dann das Vertrauen verloren gehen kann und sich die Kinder woanders erkundigen. In der christlichen Erziehung meinen aber immer noch viele, es könne nicht schaden, alte Mogelpackungen weiterzugeben: Nikolaus kommt mit dem Pferdeschlitten aus dem Sternenhimmel; wenn der Himmel rot ist, backt das Christkind Plätzchen und all das, was Großeltern manchmal immer noch gedankenlos weitererzählen. Früher mag das nicht so sehr geschadet haben, weil eine weithin christliche Umwelt noch manches auffing. Aber wenn heutzutage ein pfiffiges Kind mitbekommt: Das mit Martin und Nikolaus stimmt nicht, und das Christkind bringt auch nicht die Geschenke (so wie *ich* Jesus kenne, bekämen dann nicht die reichen Kinder alles, und die armen gingen nicht weithin leer aus), der Osterhase bringt auch keine Eier, dann kann es doch leicht folgern: »Also stimmt das mit Jesus auch nicht!« Jedenfalls braucht das doch nicht zu verwundern!

Dabei geht überhaupt kein Reiz verloren, wenn wir unser reiches christliches Brauchtum *ehrlich* einsetzen!

Das Kind bekommt doch mit, daß der Martin hier in Soldatenrüstung und dort als Bischof gekleidet ist; daß der Nikolaus vor dem Kaufhaus mit dem im Fernsehen gezeigten und den in der Straße gesehenen nichts gemein hat. Also richtiger: »All die Martinsmänner und Nikoläuse, die du in diesen Tagen siehst, wollen den *einen* Martin oder den *einen* Nikolaus darstellen und nicht vergessen lassen, daß sie so gut zu den Menschen gewesen und jetzt bei Jesus im Himmel sind.« Selbst wenn ein Nikolaus sich vor den Kindern anzieht, fiebern sie ihm anschließend entgegen, weil sie alles noch viel ganzheitlicher erfassen als die Erwachsenen, die die Märchenphase hinter sich gelassen haben.

Eltern schmücken mit den Kindern den Weihnachtsbaum, bauen auch die Krippe darunter auf (das Jesuskind selbst wird erst *zur Bescherung* in die Krippe gelegt), schließen dann aber den Raum ab und sagen: »An Weihnachten feiern wir den Geburtstag Jesu. Und weil er so ein großes Geschenk an uns Menschen ist, beschenken auch wir uns. Auch du kannst etwas schenken (ein Bild malen, basteln etc.). Und damit es eine Überraschung wird, verbergen wir die Geschenke bis zur Bescherung voreinander.« Eltern, die so feiern, berichten, daß der geheimnisvollen Mystik von Weihnachten nichts abgeht, wenn dann das Glöckchen läutet, die Kinder in den Raum mit den brennenden Lichtern am Weihnachtsbaum treten, das Jesuskind in die Krippe gelegt wird und nach einer kindgemäßen Erzählung von der Geburt Jesu und einem Lied die Bescherung folgt.

Auch das Eiersuchen zu Ostern muß nicht abgeschafft werden: »Aus Freude über den auferstandenen Jesus malen wir Eier bunt an und spielen damit Verstecken.« Eier sind ein Symbol für neues Leben, weil es schon immer als Wunder angesehen wurde, wenn aus dem engen Gefängnis eines Eies plötzlich ein lebendiges Küken schlüpft.

c) Auswählen und einfach bleiben

Es ist wie beim Überfluß an Freizeitangeboten: Wer nicht eine Schneise in diesen Urwald schlägt, geht unter. Ohne Auswahl verführen wir die Kinder nur, sich nicht mehr intensiv mit einer Sache auseinanderzusetzen. Bei der Schwemme an Stofftieren, Spielen und CDs in vielen Kinderzimmern sind Überdruß und Konzentrationsschwäche doch schon vorprogrammiert. Manches sollte unter der Hand verschwinden, wenn Großmütter meinen, sich gegenseitig überbieten zu müssen. *Einfach* bleiben: Zum Barbaratag wird vom Kind ein Schuh vor die Tür gestellt, und wenn er wirklich blankgeputzt war, liegt am nächsten Morgen eine Süßigkeit darin. Wenn der dritte Martinswecken auftaucht, kann die Mutter oder der Vater schon mit dem Kind überlegen, wem in der Nachbarschaft damit eine Freude gemacht werden kann. Weniger ist mehr! Damit dem Kind nicht die Augen zuwachsen!

1.2 Vorschläge für Familie, Kindergarten und Grundschule

a) Advents- und Weihnachtszeit

So rund wie der Adventskranz, so groß ist die Chance, daß sich die Familie als Gemeinschaft erfährt, wenn sie sich im Glanz der zahlreicher werdenden Kerzenlichter in einem mystischen Dunkel zusammensetzt und eine Geschichte hört, die von Hoffnung erzählt, von einem Licht im Dunkeln, von der Nächstenliebe, in der auch Gott spürbar wird. Hierbei kann auch eine Christusdarstellung ohne Arme und Beine in den Adventskranz gelegt werden, die andeutet, daß Christus heutzutage auch unsere Arme und Beine braucht, um zu den Menschen zu gelangen. Anschließend wird gerne von den Kindern Weihnachtsschmuck für den Tannenbaum gebastelt: Sterne aus Stroh, Nüsse, die in Goldpapier gewickelt werden, Figuren aus Wachs ... Oder es werden Plätzchen gebacken, damit alle Sinne die heimelige Zeit erfahren. Falls Sie in diesen Wochen das Verzichten ein wenig üben wollen, werden von dem Gebäck nur mißlungene Plätzchen gegessen, die anderen erst ab Weihnachten. Oder der Adventskalender besteht aus Täschchen, die keine Süßigkeiten enthalten, wohl aber Zettel mit einer Geschichte zum Advent oder mit dem Auftrag, Steine, Wurzeln, Moos für die Krippe zu suchen.

Dieses Thema möchte ich nicht weiter ausbreiten, da es diesbezüglich eine unübersehbare Fülle an Veröffentlichungen gibt. Vielleicht noch eine reizvolle Anregung zur Familien-Nikolausfeier bei schon größeren Kindern:

Jeder darf sich reihum verkleiden (Bademantel/Telefonbuch) und in die Rolle des Nikolaus schlüpfen, der aus seinem großen Buch »Lob und Tadel« vorliest. Eltern erfahren so, was bei den Kindern gut ankam und was übel vermerkt wurde. Eine vergnügliche Lob-Motz-Runde für alle Beteiligten.

b) Fastenzeit – Ostern

An Aschermittwoch werden im Kindergarten Luftschlangen in einer Kupferschale verbrannt und mit der Asche ein Kreuz auf die Stirn gemalt: Alles Schöne ist vergänglich; aber am Ende der Fastenzeit, in der wir uns auch aus Solidarität mit den Armen einschränken, steht das Fest der Feste: Ostern! Jesus erstand aus der Asche und dem Staub der Erde; er lebt und ist bei uns, und das Kreuz auf der Stirn und am Karfreitag ist stärker als alle Bedrohung durch den Tod.

Ein weltweites Symbol für die Auferstehung ist der Schmetterling. Die Ärztin Kübler-Ross berichtet, daß krebskranke Kinder wie aus einem Urgefühl heraus Schmetterlinge malen. Da ist also zuerst die Raupe, die sich mühsam auf Stummelfüßen durch den Staub der

Erde krümmt und immer nur nach »Fressen« Ausschau hält. (Bilderbuch: »Die kleine Raupe Nimmersatt«) Wenn sie sich satt gefressen hat, hängt sie sich an einer Baumrinde auf und scheint zu sterben. Das war's also? Nein, wenn die Sonne genug geschienen hat, geschieht etwas, was wir alle nicht für möglich hielten, würden wir es nicht aus der Natur kennen: Aus der oft unansehnlichen Raupe entwickelt sich ein wunderschöner Schmetterling, der jetzt über Zäune und Abgründe schweben kann. Die meisten »Raupen« glauben nicht an eine Auferstehung. Nach Umfragen noch nicht einmal die Hälfte der Kirchgänger! Aber an diesem Gleichnis kann ich einem Kind alles über Leben und Tod klarmachen: Was vom gestorbenen Opa im Grab liegt, ist nur seine Hülle – wie der Rest des Kokons, den der Schmetterling hinterläßt. Im Augenblick des Todes bildet seine Seele einen neuen »schmetterlingshaften« Körper, der nicht mehr Raum und Zeit unterworfen, in dem aber alles in jugendlicher Frische vorhanden ist: Was wir am Opa liebten, was ihn lachen und leben ließ. Jetzt ist er ganz glücklich.

Was einmal klinisch Tote von ihren Nah-Todeserlebnissen erzählen, ist natürlich kein Beweis für unseren Glauben an die Auferstehung, aber immerhin ein Hinweis, daß wir nicht absolut schiefliegen: Im Tod begegnen wir einem liebenden Gott, einer Sonne, die mehr ausstrahlt als Licht und Wärme; nicht Gott richtet uns dann, wir selber wissen plötzlich in diesem Licht im sekundenschnellen Rückblick auf unser ganzes Leben, was richtig und falsch war und entscheiden uns jetzt selbst, ob wir in diese beglückende Gottesnähe eintauchen möchten. Wer sollte da »nein« sagen? Da ist keine Waage, auf der unsere Taten gewogen werden und kein Buch, in das alles eingetragen wurde, was wir getan und nicht getan haben. Ich sage das deshalb etwas ausführlicher, weil Sie erst dann mit dem Kind ins Gespräch kommen dürfen, wenn Sie selbst klarere Vorstellungen haben.

Für Kinder kann das Entscheidende spielerisch hautnah erlebt werden: Sie kriechen als Raupen über den Boden, wickeln sich dann in Tücher und liegen wie erstarrt, bis sie ein Kind mit den zarten Klängen einer Triangel (= Sonnenstrahlen) aufweckt, sie quasi wieder lebendig werden läßt. Nun schweben sie mit den Tüchern als Flügel wie Schmetterlinge durch den Raum.

Das Schmücken einer Kerze mit Wachsmotiven, die mit dem Glauben zu tun haben, läßt eine Familien-Osterkerze entstehen.

c) Pfingsten

Pfingsten ist der Geburtstag der Kirche. Das bedeutet: Hätte nicht ein neuer Geist wie ein Windstoß, wie eine Flamme der Begeisterung die Jünger aus ihrem abgeschlossenen Raum herausgeholt, dann wäre Christus längst vergessen. Sie hatten sich aus Angst vor einem Schicksal, wie es Jesus erlitten hatte, versteckt gehalten.

Ich zeige den Kindern eine Pusteblume, die ich hoffentlich ohne Windstoß in die Kindergartengruppe gerettet habe, und auf ihrem Blütenboden die winzigen Fallschirme mit dem Samenkorn als kostbare Fracht daran, die sich ängstlich – wie damals die Jünger – festklammern. Und dann hauche ich sie kräftig an, wie Jesus es tat (Joh 20,22: »Er hauchte sie an und sprach: ›Empfangt den Heiligen Geist!‹ «), und was geschieht? Sie fliegen fort. Wir singen: Eine freudige Nachricht breitet sich aus … (Text und Melodie: Martin Gotthard Schneider; siehe auch »100 Ideen«, S. 128). Dann spielen wir den pfingstlichen Vorgang: Einige Kinder hocken sich hin und halten ängstlich aneinander fest. Die anderen pusten kräftig los, und die hockenden Kinder »schweben« jetzt einzeln wie Fallschirme durch den ganzen Raum, durch die ganze Welt. Ähnlich war das auch damals: Jesu Wind, Jesu Geist trieb die Jünger überall hin, damit sie allen Menschen erzählten: »Gott liebt euch. Ihr braucht keine Angst mehr zu haben. Und Jesus hat euch alle Türen geöffnet!«

d) Erntedank

Erntedank ist ein wichtiges Fest, das Kindern leicht zu vermitteln ist, wenn sie vor dem Kreuz oder einem »Guten Hirten« alle Gaben der Erde ausbreiten. Manchmal sehe ich in den Kindergärten eine leichte Unbeholfenheit, Theologie in den Alltag umzusetzen. Dabei hängen die schönsten Vierjahreszeitenbilder aus, die auch den Herbst mit seiner geernteten Fülle darstellen. Wir bleiben nicht beim Aufzählen der geschenkten Herrlichkeiten stehen, sondern sagen oft bewußt ein »Danke!« an Gott und all die, die gepflanzt, gegossen und geerntet haben. Hier ist wieder der »zweite Blick« nötig, der das »dritte Auge«

wachsen läßt: Wir ernten nicht nur, wir können uns die Lebensmittel doch leisten, sondern wir gehen mit diesen Geschenken auch verantwortungsvoll um, und wir danken. Da »danken« von »denken« kommt, liegt es nahe, auch vom Teilen zu sprechen: »Wenn jeder teilt, was er hat, dann werden alle satt.« (Melodie »Troubadour« Nr. 446)

Das Erntedankfest ist ein guter Anlaß, an einer Geschichte aufzuzeigen, wie die Menschen mit der Schöpfung umzugehen haben, damit ihr Gleichgewicht erhalten bleibt. Lesen Sie sie Ihrem Kind vor:

Indianerkinder lieben die Bohnen des Erdbohnenstrauches. Gekocht, gestampft und mit etwas Fleisch verrührt, empfinden sie diese Mahlzeit als Festessen. Deshalb möchten sie im Herbst möglichst viele Bohnen ernten. Der Strauch treibt in einem Geflecht von Ranken und Schlingen seine Schoten mit je einer einzigen Bohne in die Erde hinein. Sie sind nur sehr mühsam auszugraben, weil die Zweige des Strauches nach oben dicht und fest abschnüren. Und so eifrig sind Indianerkinder auch nicht, allzu lange zu suchen und sich in der Hitze herumzuschinden. Aber sie sind klug.

Sie haben die Wiesenmaus beobachtet, der die Bohnen genauso gut schmecken. Sie nennen sie deshalb auch Bohnenmaus. Im Herbst sammelt sie nämlich die Bohnen massenhaft in unterirdischen Kammern, damit sie in der klirrenden Kälte des Winters unter dem Schnee einen guten Vorrat hat.

Was machen die Indianerkinder? Sie schleichen in den Herbstwochen umher, um die Höhlen der Bohnenmaus zu entdecken und sich zu merken. Wenn sie dann mit ihrer Hand in die Erdhöhle greifen, können sie eine schöne Menge Bohnen herausholen.

Glaubst du jetzt, der kleine Indianer wäre nun froh und stolz, auf so herrlich bequeme Weise an die köstlichen Bohnen zu kommen? Nein, die Kinder schämen sich, das kleine, wehrlose Tier einfach auszurauben. Sie möchten, daß die Mäuse ihre Freunde bleiben und bringen ihnen deshalb Mais oder Speck und Fett. Sie nehmen niemals alle Vorräte weg, sie greifen vorsichtig in die Höhle, um nichts zu zerstören und legen als Gegengabe das Mitgebrachte hinein. Ja, sie tun es mit der ausgesprochenen Bitte, doch teilen zu dürfen. Sie wissen: Niemand kommt auf die Dauer ungestraft davon, wenn er die Schöpfung ausbeutet oder zerstört.

(Nach Werner Müller)

e) Maialtar

Die Marienverehrung, die sich einen Maialtar einfallen ließ, ist typisch katholisch: Mit möglichst vielen Sinnen wird gefeiert und die ganze Schöpfung dazu eingeladen. Weil die Blumenpracht um die Marienstatue in der Kirche das Herz anspricht, sollten Sie diesen alten Brauch unbedingt wieder beleben.

Zu Hause genügt es, vor ein Bild oder eine Statue von Maria mit dem Jesuskind auf dem Arm ein Blumenväschen zu stellen. Das Kind wird angehalten, Blümchen zu suchen – wie zum Beispiel die Marienblume »Gänseblümchen« – und den beiden zu Ehren dort hineinzustecken.

Maria Montessori hätte folgender Vorschlag für den Kindergarten sicher gefallen: Ein Bildnis von Maria mit Jesus auf dem Arm ist aufgestellt. In der ersten Woche des Maimonats bringen die Kinder Steine, Wurzeln und Frühlingsblumen mit. In der zweiten Woche gemalte Schmetterlinge, Marienkäfer aus Holz, Muscheln und vor allem Stofftiere. In der dritten malen sie Bilder von Sonne, Mond und Sternen, von Wolken, Blitzen und Regen, die über das Bisherige geheftet werden. Dann folgt in der letzten Woche der Mensch. Die Kinder malen sich selbst, bringen Fotos von Eltern und Geschwistern mit, schneiden aus Illustrierten bekannte Männer und Frauen aus. Kurz: die ganze Schöpfung lobt Jesus und die Frau, die zu ihm ja gesagt hat. Die Liedrufe »Gottes Liebe ist so wunderbar«, »Großer Gott, wir loben dich, Herr, wir preisen deine Stärke!« (GL 257) wie auch »Maria, breit den Mantel aus« (GL 595) begleiten das Lob.

f) Die Feier der Sakramente

Die Taufe

Immer wieder kommt es vor, daß Kindergartenkinder noch nicht getauft sind, aber ihre Eltern mit Blick auf das kommende Fest der Erstkommunion dann doch einen gewissen Druck durch die Umwelt spüren und ihr Kind taufen lassen möchten. Hier ist eine gute Gelegenheit, im Rahmen der Mitfeier der Kindergartenkinder und ihrer Eltern dieses Fest der Zugehörigkeit zu Jesus und der Aufnahme in die Gemeinschaft der Kirche wochentags morgens in der Kirche zu feiern. Jedes Kindergartenkind hat dafür einen Fisch gemalt oder bekommen, das Geheimzeichen der Christen in den ersten Jahrhunderten, das ihren Glauben umschrieb:

Wir glauben an Jesus, den Herrn des Himmels und der Erde! Auf Griechisch heißt Fisch i c h t h y s, den einzelnen Buchstaben gab man folgende Bedeutungen: I = Jesus, CH = Christus, TH = Gott, Y = Sohn, S = Erlöser.

Groß und Klein bilden einen Kreis; in der Mitte steht eine Taufschale mit einem Krug voll Wasser, daneben liegt das weiße Taufkleid, dazu die Osterkerze. Außerdem ist auf dem Boden der mit einem dicken Wollfaden gelegte Umriß eines großen Fisches zu sehen. Alle Kinder bis auf den Täufling legen jetzt ihren Fisch in den Umriß des großen Fisches: Gemeinsam sind wir stark. Dabei wird an die Swimmy-Geschichte von Leo Lionni erinnert, in der die vielen kleinen Fische sich auch zu einem großen Fisch anordneten, den der kleine schwarze Fisch »Swimmy« als Auge anführte. Jetzt legt die Leiterin oder der Priester einen kleinen schwarzen Fisch als Auge in den großen Fisch und sagt: »So ähnlich ist das mit der Taufe: Wir gehören jetzt ganz zu Jesus und sind durch ihn und die vielen, die mitschwimmen, groß und stark!« Sie legt dabei über das schwarze Auge ein kleines Christusbild: »Jesus führt uns jetzt durch das Wasser (des Lebens und der Zeit) zum ›Hafen Gottes‹, zum Vater im Himmel.« Nach der Taufe legt der Täufling dann seinen Fisch zu den anderen.

Sie sehen, wie stark hier die *Gemeinschaft* betont wird. Sie können Ihr Kind auch selbst im Wohnzimmer taufen, indem sie ihm Wasser über den Kopf gießen und sprechen: »Ich taufe dich auf den Namen N.N. im Namen des Vaters und des Sohnes und des Heiligen Geistes.« Jeder Mensch kann gültig taufen; selbst ein Andersgläubiger, wenn er die richtige Absicht hat. Und wenn Sie dem Kind dann noch von Jesus erzählen, biblische Geschichten vorlesen und ihm auch christliches Handeln vorleben, wird daraus wahrscheinlich ein Christ. In dem Augenblick aber, indem Sie den Pfarrer um eine Taufe angehen, lassen Sie sich auf eine Gemeinschaft ein, die daran interessiert ist, daß in ihrem Haus, der Kirche, auch Gemeinschaft erfahrbar wird. Denn in Gemeinschaft geht vieles leichter. Sonntags treffen sich die Christen, um sich daran zu erinnern, daß sie bereits Erlöste sind, und singen *gemeinsam* Lieder des Lobes und des Dankes. Singen Sie sonntags *alleine* zu Hause Gott zur Ehre oder lesen im wichtigsten Buch eines Christen, der Bibel?

Das Fest der Taufe in der Kirche läßt sich dann wunderbar draußen weiterfeiern: Da steht ein Eimer mit Lauge; die Kinder lassen Riesenseifenblasen steigen und wünschen dem getauften Kind dabei was Gutes. *Oder* ein Kreuz aus feuchtem Ton ist geformt: Oben wird der Name des Täuflings und das Taufdatum eingeritzt, unten drücken alle einen Finger in den Ton als bleibenden Ein-druck von diesem Tag. *Oder* ein »Lebensbaum« wird an geeigneter Stelle gepflanzt und geht in die Obhut des ganzen Kindergartens über.

Die Erstkommunion

Ich möchte Sie dazu ermutigen, Ihr Kind selbst auf diesen Tag vorzu-bereiten, natürlich unter Hilfestellung und in Abstimmung mit der Kirchengemeinde. Wer sich die Mühe macht, einmal selbst zu for-mulieren, was er glaubt, geht aus dieser Aufgabe als Beschenkter her-vor. Ihr Kind ist oft die beste Chance, selbst wieder zum Glauben zu kommen.

Wir stellen solch einen Tag immer unter ein bestimmtes Symbol und bereiten 1998 die Erstkommunionkinder unter dem Symbol der Seerose auf ihren Festtag vor. (27 Symbole für die Gestaltung dieser Feiern habe ich bisher gefunden und ausprobiert!) Die Seerose ist ein wunderschönes Symbol für den Menschen: Er ist durch die Familie und die Nahrung mit dem Erdboden verwurzelt. Die Seerose öffnet sich, wenn die Sonne scheint. Die »Sonne« scheint in jeder Freund-lichkeit und jedem Geschenk des Himmels, besonders im Wort Got-tes und dem Himmelsbrot, das dieser Erstkommuniontag zum ersten Mal bereithält. Was bedeutet das Wasser, das die Seerose trägt? Jede positive Gemeinschaft kann uns »über Wasser« halten, dazu sollte vor allem die Christengemeinde beitragen als verlängerter Arm Jesu, der dem im Wasser versinkenden Petrus wieder Boden unter die Füße schenkte (Mt 14,30f). In allen möglichen Variationen werden die Kinder in dieses Symbol eingebunden – selbst über der Haustür, im Tischschmuck, in den Einladungs- und Dankkärtchen könnte es zu finden sein, so daß sie sich ein Leben lang beim Anblick der Seerose erinnern. Und wie viele andere schöne Symbole eigenen sich noch:

Herz, Regenbogen, Schmetterling, Lebensbaum, Schiff, Hirt und Schafe, Sonne, Rose, Hand, Brücke ...

Ist es nicht besser, die Kinder fiebern dem Tag entgegen, weil sie bei der Gestaltung beteiligt sind, als daß sie nur ihre Geschenke hochrechnen?

g) Gemeinschaftserfahrungen

Kirche ist ohne Gemeinschaft nicht denkbar. Das wurde ja auch in den Abschnitten zu Taufe und Erstkommunion deutlich. Diese Gemeinschaftserfahrungen sind ungeheuer wichtig in einer Zeit, wo die meisten Kinder ohne Geschwister zu Einzelkämpfern geworden sind. Eine Ursache ist auch die an sich wichtige und gutgemeinte »Ich bin Ich«-Welle, die seit einigen Jahren in der Erziehung eine Rolle spielt. Dadurch ist das Selbstbewußtsein von Kindern und Jugendlichen ungeheuer gewachsen! Diese Entwicklung möchte ich nicht missen. Aber viele Heranwachsende weisen soziale Defizite auf, was wohl auch Folge dieser Erziehung ist. Warum beklagen Malteser Hilfsdienst, Feuerwehr, Rotes Kreuz mangelnden Nachwuchs? Das liegt nicht nur an geburtenschwachen Jahrgängen!

Sternsingeraktion

Natürlich können auch nur zwei Sternsingergruppen an mehreren Tagen ein Dorf ganz abgehen. In großer Gemeinschaft aber macht es mehr Spaß! Es ist bedenklich, wenn heute schon im zweiten Schuljahr Klassenkameraden abwinken »Das bringt mir ja nichts (in die Tasche)!« und Eltern ihre Kinder zu dieser Aktion nicht mehr motivieren können, wo doch das Elend der Welt uns täglich via Fernseher vor Augen geführt wird. Sie müßten erleben, mit welcher Begeisterung Kinder ein paar hundert Mark aus ihrer Sammeldose für kranke und behinderte Kinder holen, wie ihre Augen dabei leuchten! Schenken macht froh und läßt die Anstrengung des Sammelns und die Kälte vergessen.

Singschola, Kinderchor, Ministrantenschar, Kindergruppen

Fast jede Pfarre bietet Kindern die Möglichkeit, Gemeinschaft zu erfahren. Und wenn nicht: Schon zwei Erwachsene können eine

Gruppe gründen. So gewachsene Bindungen können auch dann erhalten bleiben, wenn die Kinder die entfernten weiterführenden Schulen besuchen. Zu viele verkümmern nachmittags allein hinter ihren Computerspielen!

Feiern Sie das Kirchenjahr mit – und Sie treten mit Ihrem Kind in die Fußstapfen Jesu.

2 Kinder brauchen Geschichten
Zielgruppe: Kindergarten, Grundschulkinder

Bis in die Sonderschule kann ich mit spannend erzählten Geschichten fesseln. Gibt es Kleinkinder, die nicht entzückt sind, wenn ihnen einer Geschichten vorlesen will? Offensichtlich kann das passieren:

Nachmittags fragte mich Oma, die zu Besuch war: »Soll ich dir ein Märchen erzählen, Jenny?« »Ich weiß nicht«, sagte ich zögernd. Oma sagte: »Es ist ein Märchen, das du bestimmt noch nicht kennst!« Ich antwortete: »Ich muß noch meine Hausaufgaben machen!« »Gut, dann beeile dich damit!« »Danach habe ich leider auch keine Zeit.« Oma war erstaunt. »Warum denn nicht?« fragte sie. »Ach, um 17 Uhr will ich ... im Fernsehen das Kinderprogramm sehen!«

Von dieser Minute an hat Oma mir nie wieder ein Märchen erzählt.

(nach Jennifer Bottländer)

Vielleicht lag es an der Oma, oder Jenny war jetzt einfach aus dem Märchenalter heraus. Aber wie viele Kinder sitzen stundenlang allein vor dem Bildschirm! Wir beklagen, daß die Kinder kommunikativ und emotional verkümmern, daß sie phantasielos werden und insgesamt trauriger. Wir regen uns über den Werteverlust auf. Es ist schon ein Unterschied, ob ein Kind auf dem Schoß der Oma zwei- und dreimal ein Märchen erzählt haben möchte (und wehe, sie kürzt ab!) oder ob es von einer gestreßten Mutter ein paar Märchenkassetten bekommt, die es hören soll.

Kinder brauchen Geschichten *und* den emotionalen Kontakt dabei. Und weil viele Kinder auch sozial unterentwickelt sind, möchte ich hier einige erzählen, die mehr bedeuten als nur Zeitvertreib oder Belustigung, Geschichten, die aus christlichen Wurzeln gewachsen sind. Hat Europa nicht gerade das der Welt zu bieten!? Mit dem moralischen Zeigefinger möchte ich natürlich auch nicht drohen, aber daß mittlerweile viele Geschichten und ein Großteil der wunderschön aufgemachten Kinderbücher inhaltslos sind, stört mich schon. Die folgenden Geschichten sind so formuliert, daß Sie sie Ihrem Kind (je nach Alter) direkt vorlesen können.

2.1 Zur Advents- und Weihnachtszeit
a) Das Märchen »Die Sterntaler«
Dabei geht es ums Teilen und darum, daß Teilen »was bringt«. Auch kommt hier Gott vor. Schauen Sie doch mal alle Kinderbücher im Kinderzimmer durch, ob da in einer Erzählung Gott vorkommt oder eine betende Familie? Wenn ein Kleinkind das nie außerhalb der Familie erlebt, also auch nicht in Büchern oder Filmen, wie soll es das als »zum Leben wichtig« einschätzen?

Es war einmal ein kleines Mädchen, dem waren Vater und Mutter gestorben, und es war so arm, daß es kein Zimmer mehr hatte, darin zu wohnen, und kein Bett mehr, darin zu schlafen, und endlich gar nichts mehr als die Kleider auf dem Leib und ein Stück Brot in der Hand, das ihm ein mitleidiger Mensch geschenkt hatte. Es war aber gut und fromm. Und weil es von aller Welt verlassen war, ging es im Vertrauen auf Gott hinaus.

Da begegnete ihm ein armer Mann, der sprach: »Ach, gib mir etwas zu essen, ich bin so hungrig.« Das Mädchen reichte ihm das ganze Stück Brot und sagte: »Gott segne dir's« und ging weiter.

Da kam ein Kind, das jammerte und sprach: »Es friert mich so an meinem Kopfe, schenk mir etwas, womit ich ihn bedecken kann.« Da nahm das Mädchen seine Mütze ab und gab sie ihm.

Und als das Mädchen noch eine Weile gegangen war, kam wieder ein Kind und hatte keinen Pullover an und fror: da gab es ihm seinen;

und noch weiter, da bat ein Kind um einen Rock, den gab es auch von sich hin.

Endlich gelangte das Mädchen in einen Wald; und es war schon dunkel geworden: da kam noch ein Kind und bat um ein Hemd, und das Mädchen dachte: Es ist dunkle Nacht, da sieht dich niemand, du kannst wohl dein Hemd weggeben, und zog das Hemd aus und gab es auch noch hin.

Und wie das Mädchen so stand und gar nichts mehr hatte, fielen auf einmal die Sterne vom Himmel und waren lauter silberne harte Taler, und ob das Mädchen gleich sein Hemd weggegeben hatte, so hatte es ein neues an, und das war vom allerfeinsten Linnen. Da sammelte es die Taler hinein und war reich für sein Lebtag. (Brüder Grimm)

Weiterführendes Gespräch: An Martin, Nikolaus und Elisabeth als Heilige erinnern, die manchmal so »unvernünftig« wie das Sterntalermädchen fast alles verschenkten und die wir bis heute nicht vergessen haben! – Eine »weltliche« Geschichte vom Teilen ist die vom »Kartoffelkönig«; fragen Sie im Kindergarten nach!

b) Der kleine Hirte und der große Räuber
Durch diese Geschichte kann das Kind erfahren, wie ein Mensch in der Nähe Jesu froh werden kann.

In jener Nacht, als die Schafweide vom Glanz der himmlischen Boten erfüllt war, hörte auch ein kleiner Hirte die Nachricht von der Geburt des Gottessohnes. Er stand auf, rollte seine Decke zusammen, füllte einen Krug mit Milch und packte Brot und Schinken in ein Bündel. Das alles wollte er dem göttlichen Kind als Geschenk mitbringen. Voller Freude machte er sich auf den Weg nach Bethlehem.

In dieser Gegend hauste ein großer Räuber. Von seiner Höhle aus sah er den hellen Schein über der Schafweide. Er hörte jubelnden Gesang, aber er konnte die Worte nicht verstehen. Er dachte: »Die feiern ein Fest, ich aber sitze allein in meiner Höhle, und mein Magen knurrt vor Hunger. Ich will mich anschleichen und sehen, was ich rauben kann.«

Kaum war der große Räuber aus seiner Höhle herausgekommen, da mußte er sich hinter einem Baum verstecken. Denn einer nach dem anderen zogen die Hirten an ihm vorbei. Sie schleppten Körbe mit Käse und Honig, sie trugen Rucksäcke voll Wolle, und einer führte sogar ein Lamm mit sich. Der letzte in der Reihe war der kleine Hirte. Er ging langsam, denn seine Last war schwer. In der einen Hand trug er das Essensbündel, in der anderen den Krug, und die Rolle mit der Decke hatte er sich um die Schultern gelegt. Der Räuber sah, wie der Abstand zwischen dem kleinen Hirten und seinen Gefährten immer größter wurde.

»Das ist mir recht«, dachte der große Räuber. Und er schlich dem kleinen Hirten nach und lauerte auf eine Gelegenheit, ihn zu überfallen.

In dieser Nacht aber herrschte ein seltsames Kommen und Gehen auf allen Wegen. Gerade die Ärmsten im Lande konnten nicht schlafen. Viele krochen aus ihren Hütten, sahen zum Himmel hinauf und fragten, ob ewas Besonderes geschehen sei. Auch ein alter Mann stand vor seiner Tür, als der kleine Hirte vorüberging. Der alte Mann schlug die Hände um seinen Leib, und er trat von einem Bein auf das andere.

»Was ist mir dir?« fragte der kleine Hirte.

»Ich friere«, sagte der alte Mann. »Vor Kälte kann ich nicht schlafen.«

Da nahm der kleine Hirte die Decke von seinen Schultern und gab sie dem alten Mann. »Nimm nur«, sagte er. »Dem kleinen Gottessohn ist es sicher recht, wenn du seine Decke hast.«

Der große Räuber, der dem kleinen Hirten nachgeschlichen war, ärgerte sich. »Schenkt der die Decke her, die ich rauben will!« dachte er.

Bald darauf fand der kleine Hirte ein Mädchen, das saß vor seiner Hütte und weinte.

»Was ist mir dir?« fragte er.

»Ich habe Durst«, klagte das Mädchen. »Vor Durst kann ich nicht einschlafen. Und der Weg zum Brunnen ist weit und finster.«

Der kleine Hirte gab dem Mädchen den Krug mit der Milch.

»Nimm nur«, sagte er. »Dem kleinen Gottessohn ist es sicher recht, wenn du seine Milch trinkst.«

Das Mädchen freute sich, aber der Räuber, der dem kleinen Hirten nachgeschlichen war, ärgerte sich noch mehr. »Schenkt der die Milch her, die ich rauben will!« dachte er. »Ich muß mich beeilen, daß ich wenigstens das Bündel erwische.«

Und sein hungriger Magen knurrte ganz laut in der stillen Nacht.

Bei der nächsten Wegbiegung sprang der Räuber mit einem gewaltigen Satz auf den kleinen Hirten los.

Der kleine Hirte sah den großen Räuber an. »Ist das dein Magen, der so schrecklich knurrt?« fragte er. »Die ganze Zeit schon höre ich dieses Knurren hinter mir. Du tust mir leid. Da nimm und iß! Dem kleinen Gottessohn ist es sicher recht, wenn ich dir sein Essen gebe.«

Der Räuber aß das Brot und den Schinken und ließ nicht das kleinste Stückchen übrig, aber es wurmte ihn, daß er das Essen geschenkt bekommen hatte.

»Jetzt muß ich mit leeren Händen vor dem kleinen Gottessohn stehen«, sagte der Hirte traurig. »Aber hingehen und ihn begrüßen will ich doch und ihm sagen, daß ich mich über seine Geburt freue.« Und er erzählte dem Räuber, was die himmlischen Boten verkündet hatten.

Der Räuber dachte: »Wenn Gottes Sohn geboren ist, kommen bestimmt auch alle reichen Leute, und es wird ein herrliches Fest. Ob da für mich was abfällt?«

»Komm doch mit!« sagte der kleine Hirte mitten in die Gedanken des großen Räubers, und der große Räuber ging mit ihm.

Als sie aber in Bethlehem angekommen waren, staunte der Räuber sehr. Denn da fanden sie nur einen Stall, in dem die Hirten ein- und ausgingen, und eine junge Mutter, die aus der Hirtenwolle eine kleine Decke webte, und einen armen Mann, der Bretter zu einem kleinen Bett zusammenfügte. Das göttliche Kind lag in einer Krippe, mit nichts als ein bißchen Stroh und ein paar Windeln unter sich.

»Diesem Kind habe ich das Brot und den Schinken weggegessen«, dachte der große Räuber und schämte sich. »Schau, Jesus«, sagte die Mutter Maria, »da ist ein kleiner Hirte zu dir gekommen; er hat dir einen großen Räuber mitgebracht.« Die Mutter Maria lächelte den kleinen Hirten an, und der verstand auf einmal, daß er doch nicht mit leeren Händen gekommen war. Und die Mutter Maria lächelte den großen Räuber an, und der war ganz verwirrt und dachte: »Da stimmt etwas nicht! Große Räuber tun keinem leid, bekommen nichts geschenkt und werden von niemandem angelächelt. Mir scheint, ich bin gar kein großer Räuber mehr.«

»Mir scheint, du könntest ein großer Hirte werden«, sagte da die Mutter Maria. »Du bist so stark. Starke Hirten braucht man immer.«

»Ich will's versuchen«, brummte der große Räuber, der eigentlich
schon keiner mehr war. Und sie verabschiedeten sich und gingen den
Weg zu der Schafweide zurück; der kleine Hirte und ein großer Hirte.

(*Lene Mayer-Skumanz/Jósef Wilkon: Der kleine Hirte und der große Räuber.*

Patmos-Verlag, Düsseldorf)

2.2 Was einer allein alles kann

Diese Geschichte ist übrigens tatsächlich geschehen: J. Giono hat sie
in seinem Buch »Der Mann mit den Bäumen«, Zürich 1972, geschildert. »Der Mann« starb 1947 im Alter von 89 Jahren und hatte in den
Cevennen/Frankreich drei Eichenwälder von je 11 x 3 km geschaffen.

Da war einmal ein Mann, dem waren die Frau gestorben und dann
auch noch der einzige Sohn. Weil er all das Liebgewordene um sich
herum nicht mehr sehen mochte, verließ er seinen Bauernhof. Er nahm
nur noch ein paar Schafe mit und einen Hund. So zog er in eine einsame
trostlose Gegend ohne Bäume und Sträucher, um zu vergessen. Die Dör-
fer ringsumher waren verlassen; es gab kaum Wasser.

Da erkannte der Mann: Diese Landschaft wird noch ganz zur
Wüste, wenn hier keine Bäume wachsen. Deshalb besorgte er sich
immer wieder einen Sack mit Eicheln, sortierte die kleinen aus und warf
die mit Rissen fort. Dann legte er die kräftigen in einen Eimer mit Was-
ser, damit sie sich richtig vollsaugen konnten. Er nahm noch einen
Eisenstab mit und zog los. Hier und dort stieß er den Stab in die Erde
und legte eine Eichel hinein. Das machte er viele, viele Jahre lang und
hatte schließlich unendlich viele Eicheln gepflanzt. Langsam wuchsen
drei riesige Eichenwälder hoch. Und was geschah dadurch? Die unzähli-
gen Wurzeln der Bäume hielten das Regenwasser fest, und die Bäche
füllten sich wieder mit Wasser. Darum wuchsen auch wieder Weiden
und Wiesen und Blumen. Vögel und Wild kehrten zurück. Und schließ-
lich auch die Menschen. Sie bauten die verfallenen Häuser wieder auf,
pflügten den Boden, säten und ernteten, sangen und feierten Feste.

Niemand wußte, wem sie das alles zu verdanken hatten. Und keiner
konnte ihm danken, dem alten Mann, der erkannt hatte, was fehlte,und
geduldig Bäume gepflanzt hatte. – Was einer allein alles kann!

2.3 Freunde

a) Freunde halten zusammen

Es waren einmal drei Freunde: drei Schmetterlinge. Sie spielten immer zusammen. Sie waren gelb, rot und weiß. Plötzlich fielen Regentropfen. Sie wußten, jetzt müssen wir uns sofort eine Unterkunft besorgen, sonst werden wir naß und müssen sterben. Sie flogen schnell zu einer gelben Tulpe: »Dürfen wir uns in deinen Kelch setzen, solange es regnet?« Die Tulpe schaute sie der Reihe nach an und sagte: »Der gelbe Schmetterling da, der so gelb ist wie ich, der darf rein. Aber der rote und der weiße, igittigitt, sooo doofe Farben, nein, die dürfen nicht rein!« Da sagte der gelbe Schmetterling: »Das sind aber meine Freunde. Wenn du die nicht reinläßt, dann will ich auch nicht!«

Schnell flogen sie zu einer roten Tulpe: »Dürfen wir uns in deinen Kelch setzen, solange es regnet?« Die Tulpe schaute sie der Reihe nach an und antwortete: »Der rote Schmetterling da, der so rot ist wie ich, der darf rein. Aber der gelbe und der weiße, igittigitt, sooo doofe Farben, nein, die dürfen nicht rein!« Da sagte der rote Schmetterling ... Na, was sagte er? ...

Und schnell flogen sie zu einer weißen Tulpe.

(Jetzt die ganze Abfolge als Fragespiel mit den Kindern!)

Als auch die dritte Tulpe nicht die richtige war und die drei Schmetterlinge weiterflogen, da kam die Sonne wieder hinter den Wolken hervor und freute sich über die drei Freunde, die so gut zusammengehalten hatten.

Weiterführendes Gespräch: Es gibt auch erwachsene Menschen, die reden so dumm wie die Tulpen: »Weil der schwarz ist oder gelb oder rot, darf der nicht in mein Haus!« Eigentlich ist das dumm. Stell dir vor, du würdest nach China reisen, wo die Menschen gelb sind, und alle würden sagen: »Igittigitt, der/die ist ja weiß, so eine doofe Farbe, der/die darf nicht bei uns wohnen!« dann wärst du traurig.

Auch Jesus hat gesagt: »Ich bin euer guter Freund. Ich liebe dich, so wie du bist, ob du nun eine gelbe oder weiße Hautfarbe hast, sogar wenn du böse bist. Ich halte immer zu dir!« (»100 Ideen«, Nr. 77)

b) Auf einen Freund warten können

Es war einmal ein kleiner grüner Fuchs. Ein Jäger hatte seinen Vater und seine Mutter totgeschossen. Jetzt war er ganz allein und sehr einsam. Er suchte einen, der mit ihm die Höhle teilen wollte, den Tag und die Nacht, den Frühling, den Sommer, den Herbst und den Winter. Aber die roten Füchse wollten nichts mit einem grünen Fuchs zu tun haben.

Eines Tages jagte er ein weißes Hühnchen. Er packte es, sagte »Du gefällst mir!« und schleppte es in seine Höhle. Er stellte es in eine Ecke und fragte: »Willst du mit mir die Höhle teilen, den Tag und die Nacht, den Frühling, den Sommer, den Herbst und den Winter?« *Das Hühnchen zitterte vor Angst und schrie:* »Nein!« *. Da wurde der kleine grüne Fuchs böse und fraß es auf. Bald darauf hatte er ein braunes Häschen gefangen.* »Du gefällst mir!« *sagte er und schleppte es in seine Höhle. Er stellte es in eine Ecke und fragte:* »Willst du ...«

(Jetzt weiter wie oben – entsprechend noch mit einem roten Eichhörnchen. Hierbei lasse ich die Kinder schon beim Erzählen helfen, weil der Wortlaut sich ja genau wiederholt.)

Eines Tages entdeckte der kleine Fuchs am Gartenzaun eine Rose. Er sagte: »Du gefällst mir!« *brach sie ab und trug sie in seine Höhle.* »Willst du mit mir die Höhle teilen, den Tag und die Nacht, den Frühling, den Sommer, den Herbst und den Winter?« *Da erfüllte die Rose die ganze Höhle mit ihrem köstlichen Duft. Der kleine grüne Fuchs war sehr glücklich!*

Doch am nächsten Tag war die Rose verwelkt. Da schrie der kleine Fuchs: »Du hast mich betrogen!« *trampelte auf ihr herum und warf sie draußen weit weg. Aber als er in die Höhle zurückkam, da war die Rose immer noch da: Der köstliche Duft lag noch in der ganzen Höhle. Da staunte der kleine Fuchs und setzte sich hin. Er wurde ganz still. Und schließlich wußte er: Eines Tages kommt ein kleiner grüner Fuchs, der wird die Höhle mit mir teilen – am Tag und in der Nacht, im Frühling, im Sommer, im Herbst und im Winter. Ich muß nur noch warten.*

(Max Bolliger, Der grüne Fuchs, verkürzt © beim Autor)

Weiterführendes Gespräch: Vielleicht hast du auch schon einen Jungen oder ein Mädchen gefragt: »Möchtest du mein Freund, meine Freundin, sein?« Es ist wunderschön, wenn dann der oder die andere »ja« sagt. Aber du kannst es nicht erzwingen. Du kannst den anderen

nicht rausjagen, wenn er nein sagt. Du darfst aber darauf warten –
wie auf ein Geschenk –, daß einer ja sagt. Ich kenne einen, der sagt
immer ja, wenn du ihn fragst: »Willst du mein Freund sein?« Dieser
eine ist Jesus. Er liebt uns alle. Er ist gerne unser Freund.

2.4 Mit Behinderungen richtig umgehen

a) Die Teekanne

Es gab eine Teekanne, bei der waren der Ausguß und der Henkel abge-
brochen, und der Deckel fehlte. Sie erzählte einmal ihre Lebensgeschichte:

»Ihr hättet mich in meiner vollen Schönheit sehen sollen, als ich
noch unversehrt war – mit Deckel, Henkel und vor allem meinem ge-
schwungenen Ausguß, der Tülle! Sie machte mich zur Königin auf dem
Tisch. Was waren denn auch im Gegensatz zu mir die Tassen und
Untertassen, die Zuckerdose, das Sahnekännchen und die Löffelchen?
Und ich gebe zu: Ich habe sie das auch spüren lassen.

Dann passierte es: Eines Tages ließ mich eine feine Hand versehent-
lich fallen. Seitdem sehe ich so aus wie jetzt. Da lag ich nun halb ohn-
mächtig! Und das Gelächter der Teller und Tassen höre ich noch heute in
meinen Ohren. Sie lachten nicht über die ungeschickte Hand, nein, sie
spotteten über mich, daß mir das – endlich – geschehen war, daß ich
endlich meinen »Tee« gekriegt hatte!

Ich wurde weggestellt und schließlich einer Bettlerin mitgegeben. Sie
machte das Furchtbarste, was man einer Teekanne antun kann: Sie füll-
te mich mit Dreck! Überlegt mal, Dreck, wo einmal die edelsten Teesor-
ten eingelegt waren. Dann legte sie in diese Erde eine Blumenzwiebel.
Ich spürte, wie sie wuchs; sie wurde mein neues, lebendiges Herz – statt
meines bisherigen stolzen aus Stein. Und dann brach aus der Zwiebel
eine wunderbare Blüte hervor. Weil sie so schön war, wurden wir auf die
Fensterbank gestellt. Und alle, die vorübergingen, schauten auf diese
Blüte – nicht auf mich. Aber ich wußte, wie wichtig ich war: Ich hielt die
Feuchtigkeit und gab ihren Wurzeln Halt ...

Ich muß euch sagen, ich war im Leben noch nie so zufrieden wie
damals, als ich ganz für diese Blume da war – als ich mich ganz für diese
Blume vergaß. Das wollte ich euch sagen.«

(Verändert nach einem Märchen von Hans Christian Andersen)

Weiteres Gespräch: Es gibt Menschen im Rollstuhl, die sind zufriedener und freundlicher als solche, die Arme und Beine bewegen können. Viele Behinderte können – aufgrund segensreicher technischer Erfindungen – einen Beruf ausüben und sich weitgehend selbst helfen. An dieser Stelle kann man darüber informieren, daß spastisch gelähmte Kinder durch eine unglücklich verlaufene Geburt so geschädigt wurden und daß jeder Mensch, zum Beispiel durch einen Autounfall, zum Behinderten werden kann.

b) »Um Gottes Willen, das könnte ja ich sein!«
Wenn das Kind einmal beim Anblick eines sehr dicken oder behinderten Menschen falsch reagiert hat.

Meine Mutter spielte früher ein Spiel mit mir, das hieß »Aber um Gottes Willen, das bin ja ich!«

Es geschah alles eines Tages, als ich acht oder neun Jahre alt war. Ich erinnere mich nicht mehr genau daran, aber ich erinnere mich deutlich, daß Mutter und ich an einem sehr schönen Nachmittag die Straße entlanggingen.

Es geschah ganz plötzlich, daß ich mich vor Lachen ausschütteln wollte, und als Mutter mich fragte, was denn so komisch sei, zeigte ich auf eine sehr, sehr, sehr dicke Dame, die wie eine Ente gerade vor uns herwatschelte.

Jäh, wie vom Blitz getroffen, blieb Mutter stehen. Sie ließ meine Hand los. Sie lächelte nicht, und ihre ersten Worte, die ich nicht verstand, klangen unwillig. Dann beugte sie sich nieder, bis unsere Gesichter ganz nahe beieinander waren, und sagte: »Aber um Gottes Willen, das bin ja ich! Kannst du das sagen, mein Kind?«

Ich wiederholte es, aber ich begriff nicht, was es bedeutete. Da sagte Mutter: »Wir wollen ein Spiel daraus machen: Jedesmal, wenn du jemand siehst, der zu dick oder zu dünn ist, schieläugig oder krummbeinig, launisch oder entstellt oder nicht hübsch, der nicht gut lernen kann oder irgendein Spiel nicht kann – so stelle dir vor, daß du in seiner Haut steckst und er in deiner.«

Das gefiel mir. Und ich spielte das Spiel immer wieder und übte es von Jahr zu Jahr: »Aber um Gottes Willen, das bin ja ich!«

(Gloria Swanson)

Weiterführendes Gespräch: Manche Leute sind unförmig dick, weil ihre Drüsen nicht richtig funktionieren. – Ein Sprichwort sagt: »Was du nicht willst, das man dir tu, das füg auch keinem anderen zu!«. Die Bibel drückt es in der sogenannten Goldenen Regel so aus: »Alles, was ihr von anderen erwartet, das tut (zuerst) ihnen!« (Mt 7,12)

2.5 Aus unserem Leben ein schönes buntes Fenster machen
(für Kinder ab etwa 8 Jahren)

Einmal zeigte ein Glasmaler seiner kleinen Tochter seine Werkstatt. Sie hatte sehr große Fenster, und die Decke bestand aus lauter Glas, um möglichst viel Licht einzufangen. Auf einem großen Tisch lag ein Berg bunter Glasscherben – schief und krumm – , aus denen ein Kirchenfenster für einen Heiligen zusammengesetzt werden sollte. Es war schwer, sich vorzustellen, daß die Scherben ein großes Ganzes werden könnten.

»Du kannst mir helfen«, meinte der Vater, »reich mir nur vorsichtig ein Glas nach dem anderen.« Dann setzte er die bunten Scheibchen auf einen mächtigen Karton, der die Umrisse einer Zeichnung erkennen ließ. Sie paßten haargenau ineinander. Aber alles war noch dunkel und trübe. Der Vater lächelte: »Der liebe Gott muß mir noch etwas helfen. Du wirst sehen!«

Viele Wochen später ging er mit seiner Tochter in die Seitenkapelle einer Kirche. Er lenkte ihren Blick auf ein Fenster, das die Sonne gerade in den roten, blauen, gelben Gläsern wunderbar ausleuchtete. Der Vater nickte: »Das Fenster, an dem du mitgeholfen hast.«

Unten an dem Fensterbild, wo die Sonne nicht so stark hindurchscheinen konnte, war alles noch ziemlich dunkel. Aber je höher es ging, um so mehr begann es zu leuchten und zu strahlen. Bei einigen Gläsern mußte man fast die Hände vor die Augen halten, um den Glanz der blendenden Sonne aufzuhalten. Das Töchterchen staunte.

*»Siehst du«, begann der Vater wieder, »dieses Fenster haben wir
gemeinsam geschaffen, weil du mir die Gläser gereicht hast. Ähnlich will
Gott mit dir, mit mir und allen Menschen solch wunderbare Fenster
schaffen.«*

*Verwundert und ungläubig blickte die kleine Tochter zu ihrem Vater
auf. »Ich mache keinen Spaß«, fuhr er fort, »jeder Tag, den Gott uns gibt,
ist so ein kleines, buntes Scheibchen. Wir geben ihm seine ganz besonde-
re Farbe und schenken es am Abend Gott wieder zurück. Er setzt dann
all die Gläser nach seinem Plan zusammen und macht nach und nach
ein herrliches Fenster daraus. Dabei kommt es auch darauf an, daß wir
das Licht der Sonne Gottes aufnehmen und es durchlassen. Dann fallen
schöne Strahlen in die Welt hinein. So wie dieser Heilige, den das Fenster
zeigt, die Welt leuchtender, ja strahlender gemacht hat. Darum wurde er
von den Menschen nie mehr vergessen.«*

Und das Mädchen stand noch eine Weile still und nachdenklich da.

2.6 In deiner Tiefe liegen verborgene Schätze
(für Kinder ab etwa 10 Jahren)

Das Märchen von der Unke (ein alter Ausdruck für »Kröte«)
*Es war einmal ein kleines Kind, dem gab seine Mutter jeden Nachmittag
ein Schüsselchen mit Milch und Weckbrocken, und das Kind setzte sich
damit hinaus in den Hof. Wenn es aber anfing zu essen, so kam die
Hausunke aus einer Mauerritze hervorgekrochen, senkte ihr Köpfchen
in die Milch und aß mit. Das Kind hatte seine Freude daran, und wenn
es mit seinem Schüsselchen dasaß und die Unke kam nicht gleich herbei,
so rief es ihr zu:*

> *»Unke, Unke, komm geschwind,*
> *komm herbei, du kleines Ding!*
> *Sollst dein Bröckchen haben,*
> *an der Milch dich laben.«*

*Da kam die Unke gelaufen und ließ es sich gut schmecken. Sie zeigte sich
auch dankbar, denn sie brachte aus ihrem heimlichen Schatz allerlei
schöne Dinge mit, glänzende Steine, Perlen und goldene Spielsachen.
Die Unke trank aber immer nur Milch und ließ die Brocken liegen. Da*

nahm das Kind einmal sein Löffelchen, schlug ihr damit sanft auf den Kopf und sagte: »*Ding, iß auch Brocken!*«

Die Mutter, die in der Küche stand, hörte, daß das Kind mit jemandem sprach, und als sie sah, daß es mit seinem Löffelchen nach einer Unke schlug, so lief sie mit einem Scheit Holz heraus und tötete das gute Tier.

Von der Zeit an ging eine Veränderung mit dem Kind vor. Es war, solange die Unke mit ihm gegessen hatte, groß und stark geworden, jetzt aber verlor es seine schönen roten Wangen und magerte ab. Nicht lange, so fing in der Nacht der Totenvogel an zu schreien, und das Rotkehlchen sammelte Zweiglein und Blätter zu einem Totenkranz, und bald hernach lag das Kind auf der Bahre.   (*Brüder Grimm*)

Weiterführendes Gespräch: Auch in dir, in geheimnisvollen Tiefen, liegen verborgene Schätze. Um sie heraufzuholen, mußt du geduldig sein. Andere können dabei helfen. Wer dabei Gewalt ausübt, zerstört die Verbindungen zur Tiefe und läßt verkümmern: Da kann ganz viel »Seele« unterdrückt werden. Die Mutter will vielleicht zu sehr ordnen! Die »Unke«, das sind Schwächen in dir, die du zulassen mußt. Das Kind macht es richtig, denn es läßt die Unke zu. Trau also auch deinen »Dunkelheiten«; sie sind wertvoll und verhelfen dir zur »Ganzheit«!

2.7 Geduld haben: Alles Kostbare braucht seine Zeit
(für ältere Kinder)

Ein armer Holzfäller ging Tag für Tag in den Wald, um Holz zu sammeln. Wenn er fleißig war, schaffte er bis zum Abend drei Bund. Die konnte er für einen Preis verkaufen, der für drei kleine Brote reichte: eines für seine Frau, eins für seinen Sohn und eins für sich. Jahrelang fristeten die drei Menschen so ihr Leben in Kargheit und Genügsamkeit.

Eines Tages ging ihm die Arbeit schneller von der Hand als sonst. Er war früher fertig als üblich. So zog er denn seine Flöte aus der Tasche und begann auf ihr liebliche Melodien zu spielen.

Kurz darauf kroch eine Giftschlange aus ihrem Bau heraus und bewegte sich nach der gespielten Weise. Als der Flötenspieler ermüdet war, schlüpfte die Schlange wieder in ihren Bau zurück. Sie schob ein Goldstück heraus, das der Holzfäller gern an sich nahm. Freudig kam er nach Hause, verkaufte sein Holz und kaufte für das Goldstück noch mancherlei, das gerade im Haus nötig war.

Von nun an spielte der Holzfäller jeden Tag nach der Arbeit der Schlange zum Tanze auf, und täglich erhielt er ein Goldstück. Unversehens wurde er wohlhabend: Schafe und Lasttiere und sogar ein Kaufhaus schaffte er sich an. Täglich ging er weiterhin in den Wald, nun nur noch, um der Schlange aufzuspielen; denn Holzbündel verkaufte er schon lange nicht mehr.

Eines Tages mußte er nun um des Geschäftes willen in eine andere Stadt reisen. Da rief er seinen Sohn herbei und trug ihm auf, ihn eine Zeitlang zu vertreten und der Schlange zum Tanze aufzuspielen. Der nahm den väterlichen Auftrag an und erhielt ebenfalls sein Goldstück.

Am nächsten Tag aber durchzuckte ihn eine Idee: Er beschloß, die Schlange während ihres Tanzes mit einem Stein zu töten und danach den Bau aufzugraben, um den gesamten Schatz auf einmal nach Hause zu transportieren. Diesen Plan hielt er für klug. Zielstrebig ging er an die Ausführung. Allein, der Stein tötete die Schlange nicht. Er verletzte sie nur schwer. Sie schnellte auf den jungen Mann zu und brachte ihm einen tödlichen Biß bei.

Am nächsten Tag fand der Vater seinen Sohn tot vor dem Bau der Schlange. Gleichwohl nahm er die Flöte und spielte der Schlange zum Tanze auf. Die Schlange tanzte, bis sie müde geworden war. Dann gab sie ihm wieder das Goldstück und sagte ihm: »Komme von nun an nicht mehr. Wir können jetzt nicht mehr so unbefangen einander zugetan sein. Meine schwere Verletzung und dein toter Sohn stehen nun zwischen uns. Gehe heim in Frieden!«　　　　　(Märchen aus Syrien)

Weiterführendes Gespräch: Manche Lebensweisheiten können nur Schritt für Schritt erworben oder erfahren werden. Der Sohn will jedoch diesen langsamen Reifungsprozeß zum inneren Reichtum überspringen und bringt sich damit um das Ziel. Dieses Gesetz gilt oft genug auch im praktischen Leben.

2.8 Vom schmutzigen Kartoffelkorb

Einmal begegnete ein Mann dem Pfarrer, konnte ihm nicht ausweichen und meinte im Vorbeigehen: »Damit Sie wissen, warum ich nicht mehr zur Kirche komme: Ich habe schon Hunderte Ihrer Predigten gehört, kann Ihnen aber keine mehr wiedergeben. Da habe ich gedacht: Warum noch hingehen? Das bringt ja doch nichts! Was hab' ich schon davon?«

Der Pfarrer ging mit ihm in den Schuppen hinter das Pfarrhaus, holte einen schmutzigen Kartoffelkorb hervor, schüttete die restlichen Kartoffeln in eine Schüssel und antwortete: »Eigentlich geht es ja in der Kirche um mehr als meine Predigten. Aber sind Sie bereit, ohne Einwände so lange einen Versuch mit diesem Korb zu machen, bis ich ›Stop!‹ sage?«

Der Mann nickte mit fragendem Blick, dann halb belustigt und willigte ein.

»Dann gehen Sie mit dem Korb zum Brunnen da hinten und bringen ihn mir voll Wasser zurück!«

»Aber ...« wollte der Mann sagen, doch der Pfarrer rief dazwischen: »Sie wollten das Experiment ohne Einwände durchführen!«

»Okay«, sagte der Mann, ging und brachte den tropfenden Korb zurück. »Und jetzt?«

»Gehen Sie nochmals!« Der Mann machte sich kopfschüttelnd auf den Weg, ja, mußte sogar ein drittes Mal gehen und kam ziemlich geladen zurück. »Stop!« sagte der Pfarrer und lächelte.

»Was sollte der Quatsch?« ärgerte sich der Mann. Der Pfarrer nahm den Korb und hielt ihn hoch: »Fällt Ihnen was auf?«

»Ja, da ist kein Wasser mehr drin!« meinte der Mann ironisch.

»Schauen Sie genauer hin! Fällt Ihnen wirklich nichts auf?«

Und als der Mann ihn immer noch verständnislos anstarrte, sagte der Pfarrer: »Der Korb ist sauberer geworden! Das ist der Sinn guter Predigten: Das Wort Gottes kann Sie innerlich abgeklärter, weiser, reiner machen!«

Weiterführendes Gespräch: Zweifelhafte Videos verändern die feinen inneren »Saiten« des Menschen, lassen seine Sprache verrohen, verführen sogar zur Nachahmung von Straftaten. Umgekehrt können gute Bücher die Phantasie anregen, anspornen, träumen lassen. So ähnlich ist das mit der Kirche und den Werten, die sie vermittelt. Sie prägen mich positiv, wenn ich mich dafür öffne; sie richten mich mehr auf Gott aus.

Wie wäre es mit einem Besuch in der (Pfarr-) Bücherei?

3 Kinder brauchen biblische Geschichten
Zielgruppe: Eltern, Erzieher/innen, Lehrer/innen

Biblische Geschichten helfen in der Persönlichkeitsentwicklung, weil sie alle wichtigen Lebensfragen zum Inhalt haben, weil in ihnen Heil und Unheil, Licht und Dunkelheit, Gefahr und Rettung, Angst und Vertrauen zu Wort kommen.

Kinder als von Geburt an religiös angelegte Menschen fragen manchmal versteckt, manchmal offen nach dem Sinn des Lebens. Die Antworten der Erwachsenen bleiben oberflächlich, wenn sie keine wirkliche Alternative zum christlichen Glauben gefunden haben. Daß Sie sich in einem Sportverein oder in der Politik engagieren, ist schon beachtenswert, läßt aber noch keine Antwort auf die kindlichen Fragen zu: Wer macht die Tage, und wann sind sie alle? Wo war ich eigentlich, als ich noch nicht da war? Wozu sind wir eigentlich da? Muß ich einmal sterben? Was passiert dann mit mir?

Der WDR-Film »Hilfe, mein Kind wird fromm!« zeigt auf: Kinder haben keine Gottesbilder mehr. Aber Sie bauen Ihr Kind psychisch auf, wenn Sie ihm liebenswerte vermitteln (siehe IV. 3: Zum »richtigen« Gott beten).

Was kümmert es Sie, wenn die Mehrheit der anderen den Kindern keine biblische Geschichte vorliest, Sie aber erkannt haben, wie sehr Ihr Kind sie aufsaugt und liebgewinnt? Kinder sind besser aufs Leben und Sterben vorbereitet, wenn ihnen ihre Eltern einen Weg weisen zu dem Gott, der uns hält und begleitet. Hier ist auch eine Offensive angesagt: Erzählen Sie von Ihrem Glauben, und verstecken Sie ihn nicht! Vielleicht entzündet Ihr überzeugtes Wort an der richtigen Stelle auch die Glut unter der Asche bei der Zuhörerin/ dem Zuhörer neben Ihnen.

Sie könnten einwenden: »Ich kann aber an diese Geschichten nicht mehr glauben!« Die Antwort: »Machen Sie sich keine Sorgen. Diese Geschichten in der Bibel sind so stark, die wirken auch ohne Sie!« (Albert Biesinger)

Sie dürfen bei schwierigen Fragen Ihres Kindes – wie überall in der Erziehung – auch sagen: »Das weiß ich auch nicht alles!« Eine gläubige Frau mit fünf Kindern schrieb mir einmal: »Manchmal bin ich Gott dankbar, daß ich kaum eine Ahnung von Theologie (= Lehre von Gott) und Exegese (= Wissenschaft, die Bibel besser zu deuten) habe, daß ich wie ein Kind glauben und vertrauen kann und – darf! Ich darf seine Worte in der Bibel annehmen und muß mich nicht innerlich zerfressen lassen von Zweifeln an der Echtheit dieser Worte.«

Jesus hat seine Worte an einfache Menschen gerichtet, und diese haben sie auf einfache Weise an andere Menschen weitergegeben. Um Jesu Worte zu verstehen, braucht niemand Theologie zu studieren. Aber die Menschen von damals hörten »anders« zu, denn ihre Welt war anders als unsere heute. Wir brauchen für die symbolischen Erzählungen (Gleichnisse) Jesu den »zweiten Blick« oder das »dritte Auge«, um sie zu entschlüsseln. Wir essen ja auch nicht eine Baumnuß, indem wir sie in den Mund stecken, so wie sie ist, sondern wir entfernen erst die Schale, um den süßen Kern zu genießen. So müssen wir bei Jesu Erzählungen diesen »Kern« heraushören lernen. Da brauchen wir manchmal die Hilfe der »Fachleute«.

Sie erhalten in den vielen modernen Kinderbibeln die Erzählungen aber meistens so zubereitet, daß Sie sie mit gutem Gewissen einfach so vorlesen können, wie sie da stehen. Zehn Minuten sollten Vater oder Mutter schon jeden Abend dafür übrig haben. Das ist wenig, gemessen an der Zeit, die wir täglich vor dem Fernseher zubringen. Ist es Ihnen wichtig, werden Sie die Zeit finden. Und da die Frau abends häufig entnervt ist, weil sie das »Chaos« am Tag schon oft richten mußte, könnte hier auch der Mann ran! Vor allem, wenn er spürt, daß sich ihm die Kinder – mangels gemeinsam verbrachter Zeit – entfremden.

Eindrucksvolle Geschichten warten vor allem im ersten Teil der Bibel, dem Alten Testament, auf die Kinder:

Da ist Noach mit seiner Familie und den Tieren, die mit Gottes Hilfe die große Flutwelle überleben.

Da ist die Erzählung von Josef und seinen elf Brüdern: Gott schreibt auf krummen Zeilen gerade.

Da begegnet uns der Mörder und Stotterer Mose, der schon als Kind aufhorchen läßt, bevor er sein Volk aus der Unterdrückung führt.

Da stockt den erwachsenen Kriegern der Atem, als das Kind David ganz im Vertrauen auf Gott dem riesigen Goliath entgegentritt und siegt, genau auf den Feldern Bethlehems, wo später Jesus in der Krippe geboren wird, der sich Tod und Teufel stellt.

Daniel in der Löwengrube oder Jona und der große Fisch; alles pralle Geschichten, die ein Kind kennen muß, damit es in der Schule und im Gottesdienst einmal den »süßen Kern« daraus gereicht bekommen kann.

Weiterhin faszinieren die Geschichten um Jesus:
Wie er mit dem Außenseiter Zachäus umgeht;
wie er als guter Hirt dem verlorenen Schaf nachgeht;
wie der barmherzige Vater den heimkehrenden Sohn in die Arme nimmt;
wie die Jünger den auferstandenen Jesus in ihrem Leid gar nicht erkennen;
wie Jesus sich so vielen Kranken zuwendet;
wie seine Heimatstadt ihn verstößt ...

Hier eine Liste der bekanntesten und besten Kinderbibeln, die Geschichten aus dem Alten und Neuen Testament enthalten. Die Reihenfolge ist nach den Preisangaben gestaffelt – auf dem Stand von 1998:

1. Die neue Kinderbibel von Wilfried Pioch, Echter-Verlag, DM 19,80.

2. Die Bibel unserer Kinder von Anne de Vries, Kath. Bibelwerk, DM 24,80. (Ein alter Klassiker, der wegen seiner psychologisierenden Art nicht unumstritten ist.)

3. Neukirchener – Bibel von Irmgard Weth – mit Bildern von Kees de Kort, Kalenderverlag des Erziehungsvereines Neukirchen-Vluyn, DM 28,00.

4. Meine allererste Bibel von Christiane Heinen, Herder, DM 29,80.
5. Meine Bilderbibel von Ingrid Willer und Klaus Uwira, Herder, DM 29,80.
6. Meine Bilderbibel. Das große Buch von Gott und den Menschen, von Eleonore Beck/Paul König, Butzon + Bercker, DM 32,00.
7. Die Bibel für Kinder von Klaus Knoke, Deutsche Bibelgesellschaft, Stuttgart, DM 38,00.
8. Kinderbibel von Werner Laubi und Annegret Fuchshuber, Kaufmann-Verlag, DM 39,80.
9. Die Bibel in 365 Geschichten von Elmar Gruber erzählt, Herder, DM 39,80.
10. Meine große Bilderbibel von Barbara Cratzius und Giuliano Ferri, Herder, DM 39,80.
11. Das große Bibel-Bilderbuch mit Bildern von Kees de Kort, Deutsche Bibelgesellschaft, Stuttgart, DM 48,00.
12. Mit Gott unterwegs von Regine Schindler und Stepan Zavrel, Bohem-Press, DM 75,00.

Übrigens, eine große Auswahl christlicher Videos mit biblischen Themen bietet der Hänssler Verlag, Tel. 07158/177-177, Fax 177-119, und der Miriam Verlag, Tel. 07745/7267, Fax /409.

Aus dem Neuen Testament, das von Jesus und seiner Gemeinschaft berichtet, darf ich zwei Beispiele »live« bieten. Ich denke dabei an eine Kindergartengruppe, die in der Regel recht lebhaft ist und die ich deshalb »miterzählen« lasse:

3.1 Die Weihnachtsgeschichte –
mit Händen und Füßen erzählt
Die Kinder machen alles nach; die Bewegungen sind im Text fett gedruckt.

*Ein Engel **klopft** an die Tür, **streckt seine Hand aus** und fragt Maria:*
»Willst du das Kind von Gott haben?«
*Maria **legt die Arme gekreuzt über sich** und sagt: »Ja!«*

Einige Zeit später **stampft** *ein Herold heran und schreit: »Herhören!«*
Er **entfaltet eine Rolle** *und liest: »Alle müssen sich dort aufschreiben*
lassen, wo sie geboren wurden – wegen der Steuern! Verstanden!?«
Auch Josef **packt alles ein.** *Der Weg nach Bethlehem ist weit.*
Er **hilft Maria auf den Esel.** *Sie* **hält die Zügel.**
Josef **geht ganz leise.** *Vielleicht liegen Räuber unterwegs auf der Lauer!*
Endlich liegt da weit vor ihnen (**mit der ausgestreckten Hand zeigen**)
die Stadt Bethlehem.
Sie **klopfen an eine Türe.**
Aber der Wirt **schüttelt den Kopf** *und sagt: »Alles ist besetzt!«*
Sie **klopfen** *bei der nächsten Herberge an.*
Die Wirtin **gestikuliert mit beiden Armen** *und sagt: »Kein Platz mehr*
frei!«
An der dritten Tür **hebt** *Josef* **bittend die Hände.**
Aber der Wirt **droht mit der Faust:** *»Haut ab! Gesindel!«*
Da bleiben sie **traurig** *stehen. Josef* **legt den Arm um Maria.**
Jetzt fängt es auch noch an zu schneien!
Liedruf: *Leise rieselt der Schnee ... , 1. Strophe*
(Die 2. Strophe summen wir, damit Maria und Josef mehr Mut bekom-
men. Wir schließen dabei unsere Augen!)
Es ist kalt geworden. Josef versucht es noch einmal und **klopft an.**
Dieser Wirt hat Mitleid und **zeigt** *hinter sein Haus:*
»Dahinten liegt ein Stall!« **Langsam gehen** *sie zum Stall.*
Und im Stall von Bethlehem bekommt Maria das Kind.
Sie nennt es Jesus.
Sie **hält es vor sich** *und* **lacht es an.**
Sie **legt es in eine Futterkrippe** *für Tiere.*
Sie **kuschelt es in Stroh ein,** *damit es nicht frieren muß.*
Da kommen schon die Hirten: **Sie falten die Hände.**
Sie beten: »Danke, Jesus, daß du zu uns gekommen bist und zu allen
Menschen, groß und klein. Danke!«
Lied: *Zu Bethlehem geboren, 1. Strophe.*
(U. U. kann mit diesem Lied aufgehört werden. Die Erzählung kann
aber auch weitergeführt werden:)

*Auch die Könige finden den Stall. Sie **knien** nieder.*
*Dann **packen sie ihre Geschenke aus:** Gold, Weihrauch und Myrrhe.*
Myrrhe ist eine kostbare Salbe.
*Maria und Josef sind glücklich. Dann **schlafen alle.***
*Plötzlich **rüttelt ein Engel** den Josef wach und sagt:* »Schnell, Josef!
Pack alles ein und fliehe! Ein böser König will das Kind töten!«
*Josef **hilft schnell** Maria **auf den Esel,***
reicht ihr das Kind*, und **sie laufen leise** und eilig durch die Nacht.*
Und sie schaffen es! Der böse König Herodes und seine Soldaten finden
sie nicht. – An all das dürfen wir uns jedes Jahr erinnern!
Lied: *Alle Jahre wieder ...*

Zum Abschluß: Ihr wart auch mal so klein wie das Baby Jesus. Jetzt
seid ihr schon größer. Auch Jesus ist gewachsen und groß geworden.
Ich gehe jetzt einmal für Jesus rund und male euch etwas auf die
Stirn. Verratet es nicht, was das ist.
(Jeder erhält ein kleines Kreuzchen auf die Stirn.)

(Nach einer Idee von Monika Endres, in der »Kindermessbörse« 96-3, S. 32)

3.2 Die Geschichte vom barmherzigen Samariter

Einmal erzählte Jesus folgende Geschichte: Ich lade euch ein, sie mit
euren Händen mitzuspielen, dann macht es noch mehr Spaß. (Die
entsprechenden Bewegungen sind im Text fett gedruckt.)

Einmal ging ein Mann durch ein Gebirge. Da wurde er von Räubern
überfallen.
*Die **schlugen** ihn **mit ihren Fäusten** zusammen,*
raubten alle seine Taschen aus,
rafften alles in ihre Beutetaschen *und liefen fort.*
Da lag der Mann nun halbtot und wimmerte.
Ein Priester kam den Weg entlang. Aber der half nicht, der steckte seine
Hände in die Taschen, *hatte keine Zeit und ging weiter.*
Dann kam einer, der half dem Priester immer (= ein Küster, Mesner,
*Sakristan). Aber der legte seine **Hände vor die Augen,** als wolle er nichts*
sehen. Der ging noch etwas schneller vorbei; er hatte Angst, daß die

Räuber wiederkämen. Und der überfallene Mann wimmerte immer
noch vor Schmerzen.
Da kam einer auf einem Esel geritten (= mit Händen die Zügel halten),
ein Ausländer. Der hörte das Wimmern und zog die Zügel an: Hüüh!
Der Überfallene tat ihm leid.
Er streichelte ihm die Stirn (über die eigene gehen!),
verband ihn überall, wo er blutete.
Dann hob er ihn auf seinen Esel. Beinahe wäre der halbtote Mann
heruntergefallen; er mußte ihn
mit der rechten Hand ganz umfassen, so schwach war der.
Gleichzeitig kraulte er mit der anderen Hand den Esel und sagte:
»Komm, Grauer, nun geh schon! Wir müssen schnell ein Krankenhaus
finden, sonst stirbt er.«
Und sie erreichten ein Wirtshaus. Er sagte zu dem Wirt:
»Ich trage ihn in ein Bett; weiter kann er nicht mehr.
Ich bezahle dir genug Geld (Daumen und Zeigefinger aneinander
reiben), und dann pflegst du ihn gesund. Und wenn ich zurückkomme
und er hat dich mehr Geld gekostet,
dann zahle ich noch dazu. Hauptsache, der Mann wird wieder gesund!«

Und Jesus, der uns diese Geschichte ja erzählt hat, fragte zum Schluß
alle, die zugehört hatten: »Wer hat es denn richtig gemacht? Der *die*
Hände in die Hosentaschen steckte, oder derjenige, *der die Augen*
bedeckte, oder der liebevoll *die vielen Pflaster aufgeklebt hat?«* (Die
Kinder finden ohne weiteres die Antwort.)

Hoffentlich gibt es solche guten Menschen wie diesen barmherzigen Samariter immer wieder, dann bleibt die Erde schön!
Lied: Die Erde ist schön ... (»Troubadour«, Nr. 3)

(W. Hoffsümmer: Anschaulich verkündigen,
30 Ideen zur kreativen Gottesdienstgestaltung, Grünewald 1998, Nr. 3, verkürzt)

Kinder brauchen religiöse Lieder
müßte hier noch als ganzes Kapitel stehen. Grundschulkinder beur-
teilen einen Gottesdienst zu 70 % nach den gesungenen Liedern. Oft
wird vom Kind ein im Kindergarten gelerntes Lied den ganzen Tag
wiederholt.

Es gibt eine unübersehbare Fülle von »Mitmach-Liedern«, zum Beispiel vom Menschenkinder Verlag, An der Kleinmannbrücke 97, D-48157 Münster, Tel. 0251/932 52 30, Fax /932 52 90 »Das Liederbuch zum Umhängen, 100 der schönsten religiösen Kinderlieder«, dazu die entsprechende Liederkassette MK 014. Machen Sie einen Versuch, und Sie sind sofort überzeugt!

4 Kleinkindergottesdienste
Zielgruppe: Eltern, Erzieher/innen, Lehrer/innen

Glückwunsch an die Pfarreien oder Kirchengemeinden, die für drei- bis siebenjährige Kinder und deren Eltern eigene Gottesdienste anbieten! Ich darf etwas weiter ausholen:

Es ist kaum ein Kraut gewachsen gegen das Abwandern der Jugendlichen ab ca. 13 Jahren aus den Sonntagsgottesdiensten; schauen Sie ruhig einmal hin, wie selten selbst Gruppenleiter/innen sonntags noch die Kirche von innen sehen! Übrig bleibt oft nur das U-Boot-Verhalten: Die Getauften tauchen auf zur Erstkommunion, die Hälfte noch zur Firmung im Alter von etwa 17 Jahren; dann wird der Goldrahmen der kirchlichen Trauung wahrgenommen, auch noch die Taufe des Kindes – und wieder taucht man unter. Doch wenn das Kind ungefähr drei Jahre alt wird und »kratzende« Fragen stellt, merken die Eltern, daß sie mehr bieten müssen als nur eine gute Ausbildung. Es kribbelt aber nur denen im Bauch, die als Kinder vom Elternhaus her und nach der Kinderkommunion in einer Gruppe oder als Ministrant/in etwas mehr mitbekamen; so finden sie manchmal nach vielen Jahren der Kirchenferne durch die Kinder wieder den Weg in die Gemeinde zurück, weil einfach eine Alternative zur Kirche fehlt. Mehr noch: Sie engagieren sich mit großem Eifer.

Das ist eine große Chance für jede Pfarrgemeinde. Solche interessierten Eltern gibt es noch überall! Werden Kleinkindergottesdienste in der eigenen Pfarrei nicht angeboten, fahren Eltern auch übers Land und schließen sich einer anderen Pfarrgemeinde an.

Hat sich eine Gruppe entschlossener Mütter und Väter zur Vorbereitung und Gestaltung solcher Gottesdienste gefunden, kann sie eigentlich nichts falsch machen: Ob sie sich mit ihren Kindern in einem eigenen Raum trifft, getrennt von der Gemeinde, die in der Kirche gleichzeitig Gottesdienst feiert, oder ob sie in der Kirche beginnt und dann in einen anderen Raum wechselt, um nach einer knappen halben Stunde Kleinkindergottesdienst die freigelassenen Bänke rund um den Altar in Besitz zu nehmen, wird jede Gemeinde für sich entscheiden.

Ein Beispiel für den Beginn in der Kirche und das Wechseln in einen anderen Raum: An Erntedank zeigt der/die Gottesdienstleiter/in einen pausbäckigen Apfel und fragt: »Was will der uns sagen? ... Er möchte geteilt werden! Also zieht los, macht aus dem mitgebrachten Obst einen Obstsalat, den dann alle nach einem Dankgebet gemeinsam essen!«

4.1 Wichtige Prinzipien

a)   Die erste Erfahrung

der Kleinkinder mit Kirche soll positiv sein. Dazu sollen Kleinkindergottesdienste kurz sein, einfach und anschaulich, mit Spielszenen, in die die Kinder einbezogen werden, und Liedrufen, die sie schnell mitsingen können.

b) Was gesagt und getan wird, muß das Herz ansprechen,
nicht so sehr den Kopf. Zum Beispiel
– bringen die Kinder ein selbst gemaltes Herz mit und heften es im Gottesdienst auf das große barmherzige Herz Gottes;
– die Kinder malen sich selbst, schneiden das Bild aus und stecken es zu den Schäfchen um den guten Hirten.

Was die Kinder zu dem jeweiligen Gottesdienst mitbringen, wird im Pfarrblatt angegeben, oder/und sie erfahren es durch den Kindergarten. Zum Abschluß erhalten sie ein kleines Andenken.

(W. Hoffsümmer, »111 Bausteine für Gottesdienste mit 3-7jährigen und religiöse Feiern im Kindergarten« und »100 Ideen«, Grünewald-Verlag, Mainz)

c) Gemeinschaft ist schön

Das sollen die Kinder hier erfahren; ohne Gemeinschaft ist Kirche nicht denkbar. Im gemeinsamen Liedersingen, im gegenseitigen Händehalten, überhaupt in gemeinsamen Bewegungen wird sie besonders dicht spürbar. Und Kinder lieben es, da zu sein, wo etwas los ist – was nicht heißen muß, daß es hier turbulent zugehen muß.

4.2 Gängige Methoden

In den letzten Jahren erschienen viele Veröffentlichungen mit Vorschlägen für Kleinkindergottesdienste – ein Indiz für die große Nachfrage. Wie gesagt, Sie können nichts falsch machen, wenn ein Gebet und Worte aus der Bibel eingeplant sind.

a) Durch Puppenspiel

werden wesentliche Gedanken nähergebracht: Es werden Geschichten gespielt, die sich am Evangelium orientieren. Über Puppen, die auch Personen aus dem Alltag repräsentieren können (Vater, Mutter, Oma ...), kommt man mit den Kindern leicht ins Gespräch. Hilfreich ist auch eine Art »Kasperle« als Reporter oder Beobachter.

b) Durch die Tüchermethode

von Franz Kett wird die Verkündigung ebenfalls anschaulich. Beispiel: Ich lege in die Erde (= ein dunkles Tuch hinlegen) dieses Samenkorn (Korn auf das Tuch legen). Es wächst erst, wenn die Sonne hinzukommt (= gelbes Tuch auf das dunkle legen) und der Regen (= grünes Tuch neben die »Sonne«) ... Alles, was Sie sagen, wird durch Tücher und Gegenstände dargestellt und bleibt so »im Auge« und leichter im Gedächtnis.

c) Schattenspiele

sind faszinierend: Es war einmal ein Mann (er erscheint auf der Bildfläche), der besaß ein Haus (Haus wird sichtbar), einen Ochsen (...), eine Kuh etc. Natürlich macht die Vorbereitung viel Arbeit, aber Sie werden eine atemlose, ruhige, meditative Atmosphäre erleben.

d) Eine Geschichte wird gespielt.

Die Kinder selbst übernehmen die Rollen, werden dabei aber von Erwachsenen begleitet, die den Text laut sprechen, z.B. die Weihnachtsgeschichte oder das Sterntalermärchen. Diese Form hat den Vorteil, daß nicht so oft geübt werden muß.

e) Für Dias

muß der Raum gut abgedunkelt werden können. Sonst lassen Sie die wesentlichen Aussagen entsprechend groß aufzeichnen, oder Sie ziehen die auf durchsichtiges Papier gemalten Szenen über eine Leuchtbox, also eine Art Standkino. Diese Art wird besonders jüngeren Kindern gerecht, die Bilderwechsel nicht so schnell erfassen.

f) Gegenstände

aller Art können die Verkündigung veranschaulichen. Zum Beispiel werden den Kindern zum Erntedankfest die sieben verschiedenfarbigen Bögen des Regenbogens gezeigt, und sie sollen sagen, was ihnen zu den einzelnen Farben einfällt. Dann werden die Farben zu einem Regenbogen zusammengelegt: Wir danken Gott für seine herrliche Welt, mit der er zeigt, daß er mit uns Menschen verbunden ist ...

4.3 Beispiele in Kurzfassung

(Abkürzung Gl. = Gottesdienstleiter/in)

a) Der König mit dem Weihrauch (um Weihnachten)

(Wegen der Rauchentwicklung ist es angebracht, die Kirche oder einen hohen Raum zu wählen.)

Vorbereiten: An einem Ständer hängt ein Weihrauchfaß, in dem schon Kohlen glühen; ein Schiffchen mit Weihrauchkörnern steht bereit, dazu noch eine brennende Kerze und schwarze Kohle.

Nach Begrüßung und Gebet wird aus der Krippendarstellung der König gezeigt, der dem Jesuskind Weihrauch geschenkt hatte oder ein kleines Weihrauchfaß trägt.

Evangelium: Als die Sterndeuter aus dem Morgenland mit Hilfe des großen Sterns den Stall mit Jesus in der Krippe gefunden hatten, fielen sie nieder und verneigten sich tief vor dem göttlichen Kind.

Dann holten sie ihre Schätze hervor und schenkten ihm Gold, Weihrauch und Myrrhe. Myrrhe ist eine kostbare Salbe, die man zur Zeit Jesu auf die Haut strich; man balsamierte damit auch Tote ein, damit auch ihre Seelen Ruhe finden.

Weiterführen : Wir verneigen uns wie die Könige ganz tief bis auf den Boden und drücken damit aus: Du bist für uns Gott. –

Jetzt wird die schwarze Kohle über der Kerze entzündet und zu den anderen ins Weihrauchfaß gelegt. Die Weihrauchkörner werden gezeigt und ein paar auf die glühenden Kohlen gelegt. Gl. geht mit dem Faß vor ein Kreuz beweihräuchert es. Dazu singen alle:
»Keiner ist größer als unser Herr und Gott.« (»Troubadour«, Nr. 394)

Nun lassen Helfer/innen an mehreren Stellen am Weihrauch riechen; wer möchte, bekommt einige Körner und darf sie auf die Kohlen werfen (da die Kinder im letzten Moment oft ängstlich die Hand zurückziehen, bitte eine durchsichtige Folie auf den Boden legen). Die Großen dürfen das Faß auch einmal schwenken. Wenn der Altarraum nahe ist, kann der/die Gl. auch noch andere Gegenstände durch Weihrauch hervorheben und ehren, die mit dem göttlichen Kinde zu tun haben: Evangelienbuch, Tabernakel, Altar ...

Abschließend: Auch ohne Weihrauch kann ich zeigen, daß ich Jesus als Gott anbete: Wir verneigen uns noch einmal bis auf den Boden oder üben uns in der Kniebeuge. Dann dürfen alle, die es möchten, das auch vor dem Kind in der Krippe tun.

b) Frieden machen

Vorbereiten: Ein Sack mit Holzbausteinen; die Bibel, eventuell Kerzen.

Nach Einsingen, Begrüßung und Gebet (Gl. spricht kurze Sätze vor, die alle wiederholen), schüttet Gl. den Sack aus und bittet zwei Kinder anzufangen, daraus einen möglichst hohen Turm zu bauen. (Für das Fundament zunächst größere Kinder ranlassen.) Das klappt wunderbar, wenn er nicht zu früh schwankt und von selbst zusammenbricht.

Geht das immer so gut, wenn Kinder spielen? (Kinder antworten lassen.)

In der Zeitung steht oft, daß Leute einander erschießen und andere totschlagen (vielleicht hier das Drama von Abel und Kain erzählen:

Gen 4), aber die haben doch als Kinder alle im Kindergarten miteinander Türme gebaut! Was meint ihr, ist da passiert?

Evangelium: Wir befragen einmal die Bibel, was Jesus möchte.
(Vier Kinder mit brennenden Kerzen heben das Buch hervor.) Jesus
sagte und sagt es jetzt zu uns:»Ich nenne alle die Kinder Gottes, die
Frieden machen, wo Streit ist (Mt 5,9). Ja, alle dürfen sich freuen, die
Frieden stiften!« (Das Wort »Frieden« kann mit einem Schlag an eine
Triangel hervorgehoben werden.)

Weiterführen: Weil Jesus den Frieden von uns möchte, reichen wir
einander jetzt die Hände und singen:»Wir bringen Frieden für alle ...«

Wir singen es auch einmal in der Sprache, die heute dort gesprochen wird, wo Jesus lebte, in hebräisch: »Hevenu schalom ...« (Melodie nach »Troubadour«, 54).

Jetzt können an verschiedenen Stellen bei leiser Meditationsmusik jeweils zwei Kinder einen Turm bauen; dann vier Kinder mit all
ihren Klötzchen *einen* Turm etc.: den Frieden einüben! Wenn andere
zuschauen, geht das sehr friedlich und freundlich!

c) Feiern im Symbol des Baumes
(wenn der Kindergarten Jubiläum hat)

Vorbereiten: Ein gemalter Baum, dem noch die Wurzeln fehlen.
Auf dem Stamm stehen die Namen all derer, die diese Einrichtung
bisher geleitet haben, auf den Ästen die Namen der übrigen Erzie-
her/innen (auch Bilder sind möglich). Die Kinder haben sich auf ein
vorbereitetes Baumblatt gemalt. Eine Christus-Ikone und Weihwasser stehen griffbereit. – Einige Kinder können ihre Blätter schon nach
vorne bringen und anheften lassen.

Nach Einsingen, Begrüßung und Gebet weist Gl. darauf hin, daß
der Baum für den Kindergarten steht, der sein Jubiläum feiert. Einige
Namen vom Stamm und von den Ästen werden vorgelesen. Die übrigen Kinder bringen ihre Blätter. Jetzt steht der Kindergartenbaum in
seiner ganzen Pracht da. Aber es fehlen noch die Wurzeln. Gl. stellt
die Ikone als Wurzel vor den Baum: Aus ihr sollen alle im Kindergarten Kraft schöpfen. Denn Jesus hat gesagt:

Evangelium: »Bleibt mit mir verbunden, dann bringt ihr auch
gute Früchte. Ihr bleibt mit mir verbunden, wenn ihr meinem Vater

vertraut und die Menschen liebt. Also: Wenn ihr meine Gebote haltet. Dann seid ihr meine Freunde!« (Joh 15.5.9.10.13)

Weiterführen: Jetzt »erobern« sich alle Kinder den Kindergartenbaum, indem sie ihn spielen: Vor 25 Jahren wurde er gepflanzt. Wir knien alle hin und wachsen langsam nach oben ...

Er wurde größer und größer:
Wir heben langsam die Arme über uns.

Er fühlte sich wohl in der Sonne:
Wir halten unser Gesicht in ihre Strahlen.

Er saugte das Wasser aus der Erde:
Wir fühlen, wie fest und stark unsere Füße auf dem Boden stehen.

Der Wind zauste seine Zweige: Wir wiegen uns im Wind.

Und immer wieder gab es viele Kinder, die sich friedlich und froh miteinander im Kreis verbunden haben: Wir reichen einander die Hände – auch den Erwachsenen – und beten gemeinsam das schönste Gebet, das wir kennen, das *Vaterunser.*

Segen: Der Baum braucht immer wieder Wasser. Hier in diesem Stab mit der Kugel (= Aspergill) ist besonderes Wasser, gesegnetes, geweihtes Wasser. Es heißt deshalb Weihwasser. Damit besprenge ich jetzt den Kindergartenbaum und uns alle: Es segne uns der starke Gott, der Vater und der Sohn und der Heilige Geist.

Die passenden Lieder und Liedrufe dazwischen dürfen natürlich nicht fehlen!

Ausführlicher sind Beispiele in meinen Kleinkindergottesdienstbüchern geschildert, siehe oben.

5. Kinder brauchen Vorbilder: Heilige sind Menschen mit Profil
Zielgruppe: Eltern, Erzieher/innen, Lehrer/innen

Vielleicht haben Sie schon große Persönlichkeiten genauer unter die Lupe genommen und sich gefragt, woher sie die Kräfte nehmen? Haben sie ein größeres Vertrauen und können deshalb so leben? Oder haben sie einen stärkeren Willen als andere?

Schon der Wille kann ja Berge versetzen! Das erfuhren zum Beispiel Ärzte in einem Krankenhaus, die eine alte Frau insgeheim bereits aufgegeben hatten. Da blieben vielleicht noch drei, vier Wochen – und sie schien es zu ahnen.

Dann passierte es: Sohn und Schwiegertochter kamen bei einem Autounfall ums Leben, und die beiden Enkel, sieben und vier Jahre, standen jetzt allein da. Die schlimme Nachricht, die zunächst in ihr Schmerz und Verzweiflung auslöste, fuhr wie ein Alarmsignal durch ihre Lebensgeister. Die Ärzte hörten nur noch ihr unbeirrtes »Ich muß raus!« und ließen sie auf eigene Verantwortung gehen. Was sie in den folgenden Wochen alles inszenierte, ließ Nachbarn und alle Bekannten erstaunen: Sie fing die verstörten Kinder auf, wickelte die vielen leidigen Erledigungen ab, suchte nach akzeptablen Unterbringungsmöglichkeiten für sie und blühte dabei so auf, daß manche annahmen, die ärztliche Diagnose sei falsch gewesen. Nach gut einem Monat kehrte die alte Frau mit einem müden Lächeln und zunehmenden Schmerzen in die Klinik zurück. Sie legte sich geschafft, aber zufrieden wieder ins Bett, verfiel unaufhaltsam und starb nach einer Woche. (Nach Peter Paal)

Wenn der Wille schon Berge versetzen kann, wieviel mehr dann erst ein unerschütterlicher Glaube (Mt 17,20)! Und was beinhaltet dieser Glaube? Ich vertraue mich ganz Gott an und lasse ihn durch mich wirken.

Wir besitzen in unzähligen Heiligen einen Schatz, den wir beinahe vergessen haben. Vielleicht sind daran die mit zu knalligen endlosen Wundern versehenen Lebensberichte schuld. Aber Heilige, das waren und sind Persönlichkeiten mit Profil, die das Leben außergewöhnlich gut gemeistert haben. Diese Leuchttürme am Meeresufer der Menschheit dürfen wir den Kindern nicht vorenthalten – in einer Zeit, die an Vorbildern arm ist.

Das Brauchtum des Kirchenjahres läßt Heilige aufleuchten, ohne die unsere Welt ärmer wäre: Martin, Nikolaus, Barbara – vielleicht haben Sie auch schon von der heiligen Elisabeth von Thüringen erzählt. Aber im »Schaufenster« der Kirche stehen noch viele prächtige Gestalten. Im folgenden schildere ich einige Heilige oder heiligmäßige Menschen, um zunächst Sie auf den Geschmack zu bringen:

KLEMENS MARIA HOFBAUER (gestorben 1820), der Apostel Wiens, ging in seiner Priesterkleidung wieder einmal mit dem Hut durch eine Gaststätte, um für die Armen zu sammeln. Dabei kam er auch zu einem Mann, der alles haßte, was mit Kirche zu tun hatte. Der fuhr ihn an: »Wie kommen Sie dazu, mich um Geld zu bitten?« und spuckte ihm ins Gesicht. Hofbauer aber zog ruhig sein Taschentuch heraus, säuberte sein Gesicht und sagte bescheiden: »Das war für mich. Nun bitte noch etwas für meine Armen.« Und hielt ihm den Hut erneut hin.

PATER DAMIAN DE VEUSTER (gest. 1889), der Apostel der Aussätzigen, sagte der Zivilisation ade und ließ sich auf einer Insel für Aussätzige absetzen, um mit ihnen zu leben. Er wurde von achthundert Menschen mit einem Steinhagel empfangen. Sie beruhigten sich erst, als er einem Kind die abgefressene Nase verband. Stellen Sie sich seine Arbeit dort anschaulich vor! Über der ganzen Insel lag ein Gestank wie der über einem Sarg, der nach drei Wochen geöffnet wird. Sie müssen Ihren Ekel bekämpfen, wenn Sie faule und eitrige Fleischklumpen beseitigen, die von Würmern wimmeln. Sie essen mit Leprösen aus einem Topf, und oft reichen Ihnen geschwollene blutige Finger die Bissen.

Der jüdische Arzt DR. JANUSZ KORCZAK (gest. 1942) nahm das Angebot der SS-Leute nicht an, sein Leben dadurch zu retten, daß er seinen etwa zweihundert Waisenkindern etwas vom Marsch ins »Land, das von Milch und Honig fließt« erzählt. Er geht mit den Kindern bis zum »Brauseraum« im KZ Treblinka, in dem alle durch tödliches Zyangas umkommen. Korczak schreibt als eine der letzten Eintragungen in sein Tagebuch: »Ich wünsche keinem Menschen etwas Böses. Ich kann das nicht. Ich weiß nicht einmal, wie man das macht.«

Woher nahmen diese Menschen die Kraft? Woher nahmen sie selbst angesichts des Todes ihren Humor, wo unsere laute Welt verlegen verstummt?

THOMAS MORUS, der Heilige des Gewissens, angesehener Lordkanzler König Heinrichs VIII., wurde 1535 mit 57 Jahren in London geköpft, weil er die Launen des Königs nicht mehr verantworten konnte. Aus seiner Todeszelle schrieb er: »Ich habe meine Meinung geändert!« Und als die Beamten des Königs in großer Eile in der Hoffnung herbeiliefen, der letzte Rebell würde nun endlich den Eid (den sogenannten Suprematseid, der ein Ja zur Gründung der anglikanischen Kirche beinhaltete, was zugleich die Trennung von Rom bedeutete) schwören, sagte er ihnen: »Mylords, ich habe wirklich meine Meinung geändert. Zuerst wollte ich mir nämlich vor der Hinrichtung den Bart abnehmen lassen. Mittlerweile aber habe ich den Entschluß gefaßt, ihn am Schicksal meines Kopfes teilnehmen zu lassen!« Und als er nach 15 Monaten Haft etwas schwach auf den Beinen die ziemlich wacklige Treppe zum Schafott hochstieg, bat er den Kommandanten: »Ach bitte, bester Herr, wollen Sie mir helfen, heil hinaufzukommen? Herunter komme ich schon von selber!«

Woher nahm KATHARINA VON SIENA (gest. 1380) den Mut, an den damaligen Papst zu schreiben: »Seien Sie endlich ein Mann und kein ängstlicher Säugling! Rotten Sie im Garten der Kirche die übelriechenden Blumen aus; damit meine ich die schlechten Hirten, die diesen Garten vergiften.« Oder sie sagte es Papst Gregor XI. selbst ins Gesicht, der sich wunderte, wie diese Nonne, die erst wenige Tage in Avignon weilte, sich über die Zustände an seinem Hof aufregen konnte: »Die Sünden des päpstlichen Hofes stinken bis nach Siena!«

Woher der Mut des HEILIGEN FRANZISKUS (gest. 1226), der trotz der Warnungen der Bevölkerung der Stadt Gubbio unerschrocken auf den gefährlichen Wolf zuging, der schon viele Durchreisende angefallen und getötet hatte. (Diese Erzählungen sind manchmal auch mit dem »dritten« Auge zu lesen:) Er schloß per Hand- bzw. Pfotendruck mit dem Wolf einen Vertrag: Die Stadtbewohner stellen genug zum Fressen an die Stadtmauer, und er wird als Gegenleistung keinem mehr ein Härchen krümmen. – Sind es nicht immer soziale Konflikte, die in sogenannten Religionskriegen ausgetragen werden? Dauerhafte erfolgreiche Verträge sind nur da möglich, wo auch die soziale Gerechtigkeit spürbar wird; es also nötig ist, dem »Wolf« einen akzeptablen Vorschlag zu machen!

Woher nahm der Brückenheilige, der Generalvikar JOHANNES NEPOMUK (gest. 1393), das Rückgrat, alle Folterungen und auch den Sturz von der Moldaubrücke auf sich zu nehmen, um das Beichtgeheimnis zu wahren und nichts dem neugierigen König Wenzel zu verraten?

Woher nahm die zwölfjährige MARIA GORETTI die Friedensbereitschaft, dem jugendlichen Mörder zu verzeihen, der sie beim Versuch der Vergewaltigung mit vierzehn Messerstichen so zugerichtet hatte, daß sie an den Verletzungen starb?

Woher kam das schon beinahe unverschämte Gottvertrauen eines DON BOSCO (gest. 1888), der bei der Grundsteinlegung seiner Maria-Hilf-Basilika in Turin dem Baumeister, der dabei die erste Anzahlung sehen wollte, seine Geldbörse mit dem gesamten Inhalt von lächerlichen 30 Pfennig mit den Worten in die aufgehaltenen Hände schüttete: »Mehr habe ich nicht, mein Guter, aber die Gottesmutter wird weiterhelfen, keine Sorge!« – Dieses Vertrauen zeigte er auch im Umgang mit schwererziehbaren Jugendlichen: Einen Dieb, der schon gesessen hatte, brachten Freunde zu diesem »Schwarzrock«. Er war sich sicher: »Hier bleibe ich nicht lange.« Don Bosco schaute ihn an, lächelte und sagte: »Wir sind hier eine große Familie, Freunde.« Dann gab er ihm einen Tresorschlüssel und sagte: »Hol aus dem Kassenschrank hunderttausend Lire! Ich brauche sie.« Im Dieb rotierte alles. Zusammenraffen, abhauen, gut leben! Aber dieser Bosco hatte ihn nicht angebrüllt, wie er es sonst von Erwachsenen gewöhnt war!! Kurz: Er brachte ihm das Geld. Dann fing er ein Leben als Schneider an.

Woher kam der Humor der strengen Klosterfrau THERESIA VON AVILA (gest. 1582), die über dreißig Frauen- und Männerklöster gründete? Ein Notar stellte ihr die notwendigen Urkunden für das Grundstück eines Klosters aus. Dann fragte sie: »Was bin ich schuldig?« Er antwortete schmunzelnd – sie war eine schöne, attraktive und kluge Frau: »Einen Kuß!« Und sie stand keineswegs verlegen da, sondern küßte den Notar auf der Stelle und meinte lachend: »So billig bin ich noch bei keinem Geschäft davongekommen!«

Der spätere Papst Johannes XXIII., noch Nuntius in Paris, saß bei einem Bankett neben einer Dame mit sehr tief ausgeschnittenem Kleid. Als sich aller Augen fragend auf ihn richteten, sagte Monsignore Roncalli: »Sie schauen in die falsche Richtung. Neben mir gibt es viel Attraktiveres zu sehen!«

Zur 1997 verstorbenen Mutter Teresa meinte einmal eine Frau: »Man sagt, Sie sind eine lebende Heilige.« Da gab sie zur Antwort: »Wenn ich heilig bin, dann bin ich nur das, was jeder Christ sein sollte!«

Genau! Aber wir brauchen Heilige oder heiligmäßige Menschen wie Scheibenwischer am Gefährt unseres Lebens, damit wir klarer sehen, was Vertrauen auf Gott und Liebe zu den Menschen alles aus uns machen können!

Hoffentlich wollen Sie jetzt Ihren Kindern aus Büchern mit kindgemäß geschilderten Lebensläufen heiliger oder heiligmäßiger Menschen vorlesen. Hier die bekanntesten, wieder nach Preisstaffelung (von 1998):
1. Josef Quadflieg, Das kleine Buch der hl. Namenspatrone, Patmos, DM 14,80;
2. Albert Biechler, Das Kinderbuch der hl. Namenspatrone, Echter, DM 24,80;
3. Max Bolliger, Wie Georg den Drachen bezwang und 51 weitere Legenden für jede Woche des Jahres, Herder, DM 32,00;
4. Josef Quadflieg, Helden, Heilige und Halunken, Lebensgeschichten von großen und kleinen Leuten, Patmos, DM 39,80. (Von ihm stammen auch die beiden »Klassiker« Fromme Geschichten für kleine Leute und Neue fromme Geschichten, je DM 29,80 bei Patmos.)

Nicht zu vergessen die vielen Bücher von Willi Fährmann!

Am Schluß dieses Abschnittes möchte ich kindgemäß das Leben eines Heiligen erzählen, dessen Ursprung im Dunkel der Geschichte liegt. Aber diese Geschichte des Suchens spricht ein Lebensthema von Jugendlichen an, die auf der Suche nach einer Lebensaufgabe sind:

Zuerst die Suche, dem Stärksten zu dienen. Kinder scharen sich gerne um den stärksten – sie bekommen ihn ja auch in der Reklame oder zahllosen Filmen als Vorbild hingestellt! Dann, in der Pubertät, besteht die Gefahr, den negativen Neigungen, die in und um jeden lauern, zu dienen und zu verfallen. (Die Zahl der Drogentoten jedes Jahr und der Jugendbanden, die nicht mehr laufen gehen, wenn einer an der Erde verblutet, haben wir ja vor Augen.) Dann irgendwann die Phase, in der in uns die Sehnsucht erwacht, es muß doch »mehr als alles geben«! Aber beten, meditieren, die Hände falten? Da ist der Hinweis in der Christophorusgeschichte goldrichtig: Auch im Dienst an den Menschen kann dich die Liebe so verwandeln, daß darin Gottes Liebe immer mehr Platz findet.

Nun – kindgemäß erzählt – die Legende von Christophorus:

Einmal lebte ein Mann (der Legende nach um 250 n.Chr.), *so stark wie ein Riese. Sein Name war Phorus. Er wollte nur dem Stärksten in der Welt dienen. So wurde er Soldat des mächtigsten Königs. Aber eines Abends bei einem Lied zuckte der mächtigste König zusammen. Phorus war sofort an seiner Seite und fragte:* »Wovor hattest du Angst?«

»Weißt du«, *zögerte der König,* »eben wurde in dem Lied der Teufel genannt, und vor dem habe ich Angst!«

»Dann kann ich dir nicht länger dienen«, *sagte Phorus,* »ich will ja dem mächtigsten Herrn dienen!« *Und er suchte und fand den Teufel und diente ihm: Er war ein Bandenchef, der ein Dorf nach dem anderen in Brand steckte. Sie überfielen Menschen und nahmen ihnen alles Gold ab.*

Eines Tages hielt der Bandenchef plötzlich sein Pferd an, schlug die Augen nieder und ritt auf einem Umweg auf das nächste Dorf zu. Phorus hatte es bemerkt, war gleich an der Seite des Teufels und wollte wissen: »Warum bist du nicht geradeaus weitergeritten? Dann hätten wir das Dorf viel schneller erreicht, um es niederzubrennen!« *Der Bandenchef wand sich unwillig hin und her:* »Ach, da vorne am Weg steht ein Kreuz.

Und mit dem, der daran hängt, habe ich nicht so gerne zu tun!« »Dann
*kann ich nicht länger dein Diener sein«, sagte Phorus. Er machte kehrt
und suchte jetzt Jesus, der mächtiger ist als der Teufel. Er suchte lange.*

*Eines Tages sagte ihm ein weiser Kirchenmann: »Du mußt die
Hände falten und mit Jesus sprechen. Dann dienst du dem mächtigsten
Herrn!« »Das kann ich nicht«, sagte Phorus traurig, »schau dir meine
starken Arme an! Ich brauche eine kräftigere Aufgabe!« »Dann geh
unten an den Fluß! Da gibt es keine Brücke. Schon viele Menschen, die
zum anderen Ufer wollten, sind dort ertrunken. Trage sie alle auf deinen
starken Schultern hinüber!« So diente Phorus jahrelang am Fluß und
trug die Menschen hinüber.*

*Eines Abends, als er sich wieder müde zur Ruhe legte, hörte er die
Stimme eines Kindes: »Phorus, bitte hol mich rüber!« Er lief ans Wasser,
konnte aber niemanden sehen. Er legte sich wieder hin und wollte einschlafen. Da vernahm er abermals die Stimme: »Hol mich rüber!« Aber
wieder sah er niemanden. Er versuchte erneut einzuschlafen. Und zum
dritten Mal hörte er die Kinderstimme: »Hol mich rüber!« Diesmal sah
er ein Kind, setzte es auf seine Schultern und ging den Weg durch den
Fluß. Dabei wurde das Kind immer schwerer. So eine schwere Last hatte
er noch nie getragen! Er konnte nicht mehr; er meinte, die ganze Welt
läge auf seinen Schultern. Er ging in die Knie, sank unters Wasser. Da
hörte er die Stimme des Kindes: »Mehr als die Welt trägst du auf deinen
Schultern: Du trägst den Herrn der Welt, der Himmel und Erde erschaf-
fen hat. Ich bin Jesus Christus, der mächtigste König, dem du mit deiner
Arbeit dienst. Ich taufe dich im Namen des Vaters und des Sohnes und
des Heiligen Geistes. Von nun an sollst du Christusträger heißen, Chri-
sto-Phorus, Christóphorus.«*

*Am Ufer angekommen, steckte Christophorus seinen mächtigen
Stab in die Erde. Am nächsten Morgen war er ausgeschlagen und hatte
Blätter und Blüten und Früchte. Da wußte Christophorus, daß er nicht
geträumt hatte, sondern dem mächtigsten König diente.*

(Aus W. Hoffsümmer, »100 Ideen«, Grünewald Verlag Mainz, Seite 124f)

6 Die Welt mehr mit den Augen Gottes sehen: Zeichen und Symbole
Zielgruppe: Eltern, Erzieher/innen, Lehrer/innen

Wer christlich erziehen will, darf sich bei der heutigen Reizüberflutung nicht mit zehn Minuten am Abend, dem Gottesdienst am Wochenende und dem flüchtigen Kreuzchen an der Haustür begnügen. Es gilt, auch im Alltag mit dem »dritten Auge« zu sehen, den »zweiten Blick« zu wagen.

Da ist zum Beispiel eine Wasserpfütze. Vielleicht schimpfen Sie vorbeieilend nur darüber, daß das schlechte Wetter anhält; vielleicht machen sie einen Bogen darum, um dem Schmutz aus dem Wege zu gehen. Sie können aber auch kurz stehenbleiben, um zu sehen, wie sich der Himmel in ihr spiegelt; und schaut die Sonne kurz hinter den Wolken hervor, blitzen sogar die kleinen Steinchen in der Pfütze auf, oder die gebrochenen Strahlen zaubern faszinierende Lichtspiele ins Wasser.

Kann ich das nicht auf die ganze Mitwelt übertragen, einschließlich meiner Mitmenschen? Manchmal sehen wir nur den »Schmutz« an und in ihnen und bekleben sie vorschnell mit abwertenden Etiketten. Aber ich kann auch meinen Blick darin üben, in jedem Menschen noch die Liebe wirken zu sehen; vielleicht erfährt sie nur noch ein Tier oder eine Pflanze, weil die Begegnungen mit Menschen durchweg negativ ausgingen. Solschenizyn spricht sogar vom »Brückenkopf des Guten« auch im verbrecherischen Menschen. Woran sollte Gott, der auch den Mörder und Kinderschänder liebt, sonst seine »Brücke« festmachen können?

Aber die Stimme Gottes in seiner Schöpfung ist gerade da, wo die Menschen dicht aufeinander wohnen, überhörbar geworden, seine Zeichen übersehbar:

Seit wir das elektrische Licht anknipsen, wurde die Sprache der Kerzen leiser. Seit wir Früchte aus Kalifornien erhalten und einen Apfel zu jeder Jahreszeit essen können, verflacht sein Duft. Die vielen Kürzel in der Verkehrs- und Alltagswelt lassen den Menschen sprachlos werden. Wer sich dabei zum Roboter machen oder von bloßer Technik beherrschen läßt, wird gehörlos für die eigentliche Wirklichkeit, läuft unter Umständen blind an den kleinen Wundern am Wege vorbei. Herz, Gemüt und Gefühle kommen einfach zu kurz.

Wer aber kein Auge mehr für das hat, was hinter der Oberfläche unserer sichtbaren Welt verborgen liegt, verliert auch die Sprachkraft für das Religiöse. Wer keine Symbole mehr kennt, stirbt innerlich.

Das Wort Symbol ist vom griechischen »symballein« abgeleitet: So wie früher das Zusammenfügen der Teile eines zerbrochenen Ringes oder Tongefäßes als Erkennungszeichen diente, so meint dieses Wort heute eine Zusammenschau der sichtbaren und unsichtbaren Welt.

Symbole und Zeichen sind Einfallstore für Gottes heilenden und befreienden Geist. Ist es die Sehnsucht danach, die junge Leute, die sonst ausgiebig durch Fußgängerzonen flanieren, in die Nischen romanischer Kirchen führt? Damit Symbole »sprechen« können, bedarf es allerdings der eigenen Erfahrung. Vielleicht bleiben Glaubenssymbole für die Menschen deshalb oft nichtssagend, weil sie den Glauben, ihr Denken und ihre Erfahrung nicht mehr ernsthaft genug zusammenbringen.

Symbole sind immer dialogisch: Sie sprechen, wenn sie wahrgenommen werden; sie geben aber nur so viel von sich preis, wie ihr Gegenüber erfassen kann.

So kann einer das Zeichen »Apfelbaum« botanisch genau umschreiben, auch, wie der Geschmack der Äpfel ausfällt und wieviel Profit er bringt. Der Baum wird aber symbolisch, wenn der Groß vater dem Enkel erzählt, wie er ihn gepflanzt hat, wie ein geplanter Weg verlegt wurde, damit dieser Baum stehen bleiben konnte, wie die Eltern des Enkels sich in seinem Schatten das Jawort gaben.

Das Zeichen »Bett«, das ich auf dem Autobahnschild entdecke, zeigt mir an, daß ich an der nächsten Raststätte übernachten kann. Das »Bett« in Grimms Märchen »Das Wasser des Lebens« im letzten Zimmer vor dem Brunnen symbolisiert, wieweit Bequemlichkeit den Menschen von manchem Schatz des Lebens abhalten kann; und wieder für einen anderen mag das »Bett« Symbol für die letzte Freude im Paradies sein, wenn er sich abends in die Arme des Schlafes oder seines Partners legen darf.

Oder der Kölner Dom! Er mag für den einen nur ein Zeichen sein: Er kennt seine Baugeschichte, die Maße und was er Köln jährlich in der Touristik »bringt«. Er kann für einen anderen ein Symbol für die Denkwelt des Mittelalters sein, der die Gotteserfülltheit vergangener Generationen widerspiegelt und deshalb erhalten bleiben sollte, was immer es koste. Aber gleich der Betrachter daneben erkennt in ihm nur noch ein Symbol klerikaler Macht, ein Überbleibsel toter Vergangenheit; ein Verkehrshindernis, das Unsummen verschlingt, die besser für hungernde Kinder eingesetzt würden.

In diesem Kapitel möchte ich versuchen, Ihre Augen für den »zweiten Blick« zu schärfen. Nach dem Alphabet habe ich willkürlich einige Symbole ausgesucht, die uns auch etwas über das Geheimnis unseres Lebens und seine christliche Dimension sagen können.

Rainer Maria Rilke rief einmal zornig-traurig aus: »Symbole her! Es wird alles zerredet!«

Ich versuche, die Symbole für Sie aufzuschlüsseln, danach wird es leichter sein, Ihrem Kind den Symbolgehalt altersgemäß zu vermitteln.

Adler: Wie jeder Vogel kann er nur fliegen, wenn seine beiden Schwingen gesund sind und eingesetzt werden. Wenn der Mensch sein Leben richtig »durchfliegen« und nicht immer zu Fuß gehen will, dann braucht er ebenfalls »zwei Flügel«, zwei Ausrichtungen des Lebens, die Jesus im Hauptgebot zusammenfaßt: »Vertraue mit ganzem Herzen deinem Gott und liebe deinen Mitmenschen wie dich selbst.« Die Selbstliebe als Voraussetzung dafür, andere lieben zu können, betonen auch Heilige wie zum Beispiel Franz von Sales: »Der Mensch bleibt nur Mensch, wenn er sich täglich eine halbe Stunde nur für sich nimmt. Mit einer Ausnahme: Wenn es ein besonders stressiger Tag ist, dann braucht er *eine* Stunde für sich!«

Die Benediktinermönche leben bis heute nach diesem Prinzip der zwei Flügel: Bete und arbeite! Die lateinische Übersetzung »Ora et labora!« verrät uns noch etwas Besonderes: Im »labora«, in der Arbeit kann auch schon das »ora«, das Gebet, stecken, denn – mit dem »dritten Auge« gesehen – dient auch die Arbeit dem Lobe Gottes, wenn wir durch sie seine Schöpfung entfalten und sie im Dienst an den Mitmenschen verrichten.

Es gibt im Grunde nur Gebete,
so sind die Hände uns geweiht,
daß sie nichts schufen, was nicht flehte,
ob einer malte oder mähte
schon aus dem Ringen der Geräte
entfaltet sich Frömmigkeit.

(Rainer Maria Rilke)

Doch heutzutage ist unser Flügel »Arbeit« übermächtig entwickelt, und unser Meditieren, Sprechen mit Gott, Eintauchen in die Gemeinschaft mit Christen, also unser zweiter Flügel, zeitlich so unterentwickelt, daß wir, wären wir Vögel, wohl sehr schräg in der Luft lägen bzw. abstürzten. Wenn Sie diese Gedanken verinnerlichen, können Sie sich bei jedem Bussard, der ruhig über einem Waldstück seine Kreise zieht, daran erinnern.

Bei einem Ruderboot wird dieser Gedanke noch deutlicher: Wer nur ein Ruder einsetzt, dreht sich schließlich um sich selbst; erst der Einsatz beider Ruder bringt mich vorwärts: Arbeite und bete! Bete und arbeite! Gerate ich im Leben in einen Sturm, heißt das nicht, daß ich beide Ruder ins Boot lege, mich niederknie und bete, es heißt auch nicht, daß ich mich unter Umständen fluchend in die Riemen werfe; nein, ich verstärke meine tatkräftigen Bemühungen, ans rettende Ufer zu kommen, mit Hilferufen zu Gott.

Babuschka-Puppe, auch Matruschka- oder Matrjoschka-Puppe genannt, ist ein russisches Spielzeug: viele Puppen stecken ineinander, können herausgenommen und wieder zusammengesetzt werden. Wie in dieser Puppe stecken in jedem Menschen viele Personen: Da ist hoffentlich immer noch der Jugendliche mit Widerspruchsgeist in mir, auch das manchmal verspielte Kind, der Helfer als Engel, aber auch der Teufel, der Durcheinander anrichtet; da ist der him melhoch Jauchzende und der zu Tode Betrübte, der Clown und der Depressive, der Asket und der Draufgänger, das stille Wasser und der Vulkan, der Wolf und das Opfer, der Motzer und der Mystiker. Und ganz innen drin die kleinste Person, die sich vertrauensvoll anschmiegen will, aber auch anderen zum Halt wird. (Nach H.J. Coenen)

Blumengarten. Auf den ersten Blick begeistert die bunte Herrlichkeit der Rosen und Lilien bis hin zu den übersehbaren Gänseblümchen und dem Vergißmeinnicht. Mit dem »zweiten Blick« darf ich mich fragen: Kann der Blumengarten nicht ein Symbol für die Gemeinschaften sein, in denen ich mich bewege? Von der Familie über die Arbeitsstelle bis hin zur Pfarr- oder Kirchengemeinde? Mir erscheinen einige als Sonnenblume: alle überragend und strahlender Mittelpunkt; manche wirken mehr als Veilchen, bescheiden, klein und mit starkem Duft; andere wie Tulpen, nach oben offen für die Gaben des Himmels und der Umgebung; wieder andere als Brennessel, die sich dazwischenpfuschen und bei Berührung brennen, aber doch in ihrer Kritik und zähen Verbissenheit die Durchblutung fördern.Und schließlich könnten manche, deren Hände nie stillstehen, mit dem Fleißigen Lieschen verglichen werden. Es wäre doch ideal, all diese unterschiedlichen »Blumen« mit einem roten Band der Liebe zum bunten Strauß zusammenzufügen! *(Nach Pfarrei St. Bonifatius, Lippstadt)*

Fallschirm, verpackt auf dem Rücken: Er rettet mich, wenn ich im freien Fall die Reißleine ziehe und dann sanft landen kann. So einen Fallschirm für Notfälle hat unsichtbar jeder Christ auf dem Rücken. Seit der Taufe, als er sich Jesus anvertraute und angenommen wurde, trägt er ihn eingerollt bei sich. Die Entscheidung zum Öffnen des Schirms, d.h. dazu, sich ganz Gott anzuvertrauen, muß er immer wieder treffen. So kann man Psalm 91 leicht abgewandelt zitieren: »Wer am Schirm des Höchsten hängt und in den Seilen des Allmächtigen schwebt, der spricht zum Herrn: Meine Zuversicht und meine Rettung, o Gott, auf den ich hoffe!«

(Nach Anton Allmer, A-Dechantskirchen)

Heißluftballon: Fasziniert bleiben wir stehen, wenn einer über der Landschaft schwebt, Flüsse, Hügel und Abgründe sicher überwindet. Beim »zweiten Blick« kann ich mit den Augen des Glaubens sehen: Ohne die Feuerstöße heißer Luft kein Hoch- und Weiterkommen. Dem Wind ausgeliefert. Immer noch etwas Abenteuer, an welcher Stelle die Landung glückt. Feuer und Wind sind Symbole für Gottes Geist: Wer sich auf ihn einläßt, d.h. in den Ballon steigt, weiß nicht genau, wohin die Reise geht, aber er kann die Welt aus einer anderen Perspektive wahrnehmen, Zäune, Berge, ja alle Hindernisse überfliegen. Doch kein Start und kein Beenden ohne die Gemeinschaft, in die jeder bei der Taufe einwilligt.

Herzschrittmacher: Er gibt müde gewordenen Herzen neue Sicherheit, weil er Aussetzer des Herzens überwindet. Mit dem »zweiten Blick« gesehen: Ist unser Glaube nicht so ein Taktgeber in wichtigen Lebenssituationen, der uns mehr Gelassenheit schenken kann? Natürlich kann der Glaube wie der Herzschrittmacher kranke Herzen nicht gesund machen und ohne weiteres unser Leben verlängern: Er braucht auch die Verbindungsdrähte (wie Gebet, Gottesdienst, neue Energie aus dem Empfang der Sakramente), es dürfen sich keine Widerstände an den Kontaktstellen aufbauen (falsche Freunde und Gemeinschaften), keine falschen Strömungen ihn berühren (nicht in die Nähe von Handys oder Radiosender kommen, d.h. für den Glauben: zu große Zweifel oder glaubensfeindliches Gedankengut) und die Kontrolltermine sind einzuhalten ... Aber dann ist unser Glaube – wie der Herzschrittmacher – ein Segen.

Jakobsmuschel heißt die Pilgermuschel, die Wallfahrer zum Grab des heiligen Jakobus auf dem Weg nach Santiago de Compostela in Spanien tragen. Auf vielen Wegkreuzen am Rand alter Pilgerwege ist sie auch in Deutschland dargestellt, wie zum Beispiel an Weihwasserbecken und über dem Tabernakel. Eine Tankstellenkette hat leider dieses alte Symbol übernommen und durch ihre umweltschädlichen Geschäftspraktiken schwer belastet. Mit dem »zweiten Blick« und gutem Willen könnte mir diese »Jakobsmuschel« an einer Tankstelle trotzdem sagen: Wie das Auto immer wieder vollgetankt werden muß, um sein Ziel zu erreichen, so braucht ein Mensch auf der Pilgerreise seines Lebens die innere Kraft für seinen Weg: die Zusage Gottes in der Taufe, daß er nicht allein unterwegs ist, das Wort Jesu Christi wie auch sein lebendiges Brot können seiner Seele Rückenwind schenken.

Kaktus: Einerlei, von welcher Seite ich mich nähere, ich kann mir empfindlich weh tun. Das trifft auch manchmal auf Personen zu: Ich komme voller guter Absichten und – habe mich schon wieder verletzt. Aber kein Kaktus hat so dichte Stacheln, daß nicht Platz bliebe für eine Blüte! Jesus sprach die Menschen auf ihre möglichen Blüten an: den Zachäus, die Sünderin, ja selbst dem Mörder am Kreuz versprach er das Paradies und ging nicht erst auf seine verletzenden Stacheln ein. Also: mit den Augen Jesu sehen! Mit dem bloßen Aufzeigen von Schuld (= Stacheln) wurde noch nie viel geändert. Das läßt sich im Umgang mit Jugendlichen täglich üben, wenn das Miteinander noch Spaß bringen soll! Oder muß Ihnen erst die Nachbarin sagen, wie viele gute Eigenschaften es an Ihrem Kind zu entdecken gibt?

Paragleiter: Ein Mensch schwebt an 70 bis 120 Leinenfäden sanft zu Tal. Wenn ihn ein kräftiger Aufwind packt, entschwindet er in solche Höhen, daß wir unsere Augen anstrengen müssen, um ihn am Himmel noch zu entdecken. Sollte er allerdings mit einem Drachenflieger kollidieren, verliert er seine aerodynamische Form und stürzt in einer Art Korkenzieherbahn ab. Gleichnis für unser Leben: Wie viele lebenswichtige Beziehungsfäden bewahren uns vor dem Absturz? Wir sind gehalten von den »Fäden« Familie, Verwandte, Bekannte und Freunde, vom Arbeitsplatz, der Gesundheit und – lasse ich mich noch halten von Gott? »Bleibt mit mir verbunden!« sagt Jesus (Joh 15,4). *(Nach F. und K. Manges)*

Rückspiegel: Wir schauen vor dem Start mit dem Auto in den Rück- (und Seiten-)spiegel, um unser Leben und das der anderen nicht zu gefährden. *Eine* Form der Rücksicht. Rücksichtslosigkeiten in vielen Formen der Gewalt, der Überheblichkeit, der Menschenverachtung, von Haß und Neid zerstören unser Miteinander wie auslaufendes Öl, das die Landschaft verpestet. So schüren manche Autofahrer die Aggressionen. Kann uns der Rückspiegel zum Symbol werden für mehr gegenseitige Rück-Sicht?

Ruderboot: Siehe unter dem Stichwort »Adler«, letzter Abschnitt.

Sprit: Ein Auto braucht »Sprit«. Dieses Wort stammt von »spiritus«, was »Geist« bedeutet. So nahe liegen schon im Begriff zwei Kraftquellen, die uns äußerlich bzw. innerlich vorwärtsbringen: als Benzin wie als Rückenwind Gottes, der auf seine Jünger am Pfingstfest den Funken überspringen ließ und sie in die Welt hinaustrieb.

Surfer: Toll, wie sie über das Wasser jagen, falls sie ihr Segel richtig in den Wind halten! Wo ein Mensch sein Segel, seine Talente, zusammenrollt und nicht in den Wind Gottes hält, braucht er sich nicht zu wundern, wenn er auf seinem Lebens-Surfbrett nur mühsam vorwärtskommt.

Tandem: Viele gucken ihnen nach, wenn zwei Personen auf einem Tandem vorbeifahren. Das ist der erste Blick. Der »zweite« könnte ein wunderschönes Symbol für eine Partnerschaft oder Ehe entdecken: Die gemeinsame Freude ist doppelte Freude, das gemeinsame Leid geteiltes Leid. Sie fahren im gleichen Rhythmus, im Steuern können sie sich abwechseln oder miteinander über die Richtung diskutieren; der Schwächere kann ruhig mal aussetzen, bis beide wieder in die Pedale treten. Vier Augen sehen mehr; ein lebendiges Gespräch ist jederzeit möglich; keiner verliert den anderen im Gedränge. Ein Tandem - in vielem ein Idealbild der Ehe. *(Nach Karlheinz Buhleier)*

Weihnachtspyramide: Sie steht in vielen Häusern. Die »Mitte« ist Jesus in der Krippe. Wenn die Kerzen der Pyramide entzündet werden, drehen, weil die aufsteigende Wärme das »Dach« bewegt, alle Figuren sich um Jesus: Maria und Josef, die Engel und Hirten, auch die Könige aus dem Morgenland. Wir alle steigen im Leben in ein Karussell, das sich immer dreht, manch einer wird bei diesem Rotieren herausgeschleudert. Die Hirten und Könige machen es richtig: Sie drehen sich um die Mitte, den Dreh- und Angelpunkt ihres Lebens, um das Kind, in dem sie ihren Retter aus aller Mühsal erkennen. Von ihm kann sich jeder neuen Schwung fürs Leben geben lassen. *(Nach Wolfgang Raible)*

Wer lernt, die Welt auch mit dem »zweiten Blick« zu betrachten, sieht das Leben mehr von der Mitte her!

7 Was soll ich glauben?
Christliche Symbolsprache
Zielgruppe: Eltern, Erzieher/innen, Lehrer/innen

Himmel	Auferweckung der Toten
Hölle	Gemeinschaft der Heiligen
Engel	Sünde
Teufel	Reich des Todes
Das Jüngste Gericht	Aufgefahren in den Himmel
Fegefeuer	Er sitzt zur Rechten des Vaters
Die neue Schöpfung	Heilig

Wissen Sie auf wichtige »theologische« Fragen Ihres Kindes eine richtige Antwort? Was sagen Sie ihm, wenn es fragt: »Wo ist der gute Gott?«, »Wo ist der Himmel?« Natürlich nicht »oben«, denn es gibt ja zwei Himmel: Der Himmel, von dem es regnet und wo die Flugzeuge fliegen, der ist oben, im Englischen »sky« genannt. Der Himmel aber, wo Gott wohnt (im Englischen »heaven«), ist überall möglich, ist ein Zustand des Glücks. Es wäre dumm zu fragen: »Wo waren Sie glücklich?« Liebende sind überall glücklich. »Gott ist überall.« Aber das zu sagen, ist auch gefährlich, weil jetzt unter Umständen Ihr Kind in jeden Blütenkelch oder Stiefel schaut und fragt: »Wo ist er denn?« Wenn Sie antworten: »Gott ist überall für uns da!« oder »In der Schöpfung berühren wir letztlich ›das Kleid‹ des Schöpfers«, dann liegen Sie schon sehr richtig, denn Sie nennen den Namen Gottes, den Mose am brennenden Dornbusch hörte, als er wissen wollte, wer ihn denn genau zum Pharao schickt, um das Volk Israel aus der Sklaverei zu holen: »Ich bin der ›Ich-bin-da‹«(Ex 3,14). Sie sehen, wir sind schon mitten im Thema. Ich darf einmal ein paar gebräuchliche Worte für Sie »aufdröseln«, dann können Sie sie leichter für Ihr Kind übersetzen.

Himmel: Diesen Zustand (nicht Ort!) ewigen Glücks umschreibt die Bibel mit zahlreichen Bildern: er gleicht einem Hochzeitsmahl, es herrscht ewiger Friede, Kinder können mit Schlangen spielen und

Schafe neben den Löwen weiden. Modern drückt das Lothar Zenetti so aus: »Dort« schiebt der Lahme seinen Rollstuhl nach Haus, Geduckte heben ihre Köpfe, Verplante machen selber Pläne und Schwarzseher sagen: »Es ist alles gut.« – Es herrscht also auch Aktivität, ähnlich wie Künstler über ihrem Kunstwerk Mahlzeiten vergessen und unheimlich »happy« bei ihrer Arbeit sind. Das wahnsinnige Glück, in innigster Gemeinschaft mit Gott zu leben, verraten auch alltägliche Redensarten wie »den Himmel auf Erden haben« oder »im siebten Himmel sein«. – Dann sehen wir Gott »von Angesicht zu Angesicht«, nachdem wir alles Verkümmerte, Verkrümmte und Kranke hinter uns gelassen haben, und tauchen in eine große glückliche Gemeinschaft ein.

Hölle heißt: abgrundtiefe Ängste, absolute Verzweiflung, der gegenüber die tiefste Depression ein geringfügiges Leid ist, totale Einsamkeit, in die keine Liebe mehr vordringen kann. So gebraucht auch die Bibel, wenn sie diesen Zustand umschreibt, furchtbare Wörter wie »Zähneknirschen«, »Heulen«, »absolute Finsternis«, »ewiges Feuer«. Auch hinter Aussagen wie »in der Hölle eines Krieges oder einer Ehe« verbirgt sich ja schon unvorstellbar Schreckliches. Viele Christen glauben, daß die Barmherzigkeit Gottes, von der uns Jesus erzählt hat, keinen Platz mehr läßt für eine Hölle; sie übersehen aber, daß Gott »nicht allmächtig« ist, weil er die Freiheit des Menschen nicht antastet; Gottes Liebe wird ohnmächtig, wenn der Mensch sie ablehnt. Das heißt positiv: Der Mensch muß sich im Augenblick des Todes auch dieser Sonne der Liebe und Vergebung Gottes zuwenden. Wenn er das nicht will, wird jede Verdammnis zur Selbstverdammnis. Diese Hölle hat also nur innen Türklinken. »In der Hölle sind nur Freiwillige.«

Engel sind in der Bibel nicht nur »Stilmittel«, die ausdrücken wollen: »Jetzt wird es besonders wichtig; was jetzt gesagt wird, sind Gottes Worte.« Es gibt Engel als von Gott geschaffene reine Geistwesen, die sich einmal – wie die Bibel berichtet – für ihn oder gegen ihn entscheiden mußten. Die sich in ihrer Freiheit von Gott abwandten, nennen wir die »gefallenen Engel«, Satan und seine Helfershelfer, die daran interessiert sind, alles auf der Welt ins Durcheinander, ins

»Tohuwabohu« zu stürzen. Engel sind Boten Gottes, die natürlich auch durch unsere Gedanken zu uns sprechen können. Schutzengel sind »verlängerte Arme« Gottes, die uns beschützen.

Teufel, also gefallene Engel, sind machtvolle Geistwesen, die in unserer Welt für eine Bosheit sorgen, die manchmal unser Begreifen übersteigt. Bevor wir aber vor ihnen Angst bekommen oder – wie Zeitungen zunehmend berichten – sie in okkulten Satanskulten Menschen in die Verzweiflung treiben, dürfen wir uns daran erinnern, daß die Bibel klar sagt: Gott ist mächtiger als das Böse. Mit seiner Hilfe können wir sogar machtvoll gegen sie ankämpfen. So schreibt Petrus im ersten seiner Briefe einen Vergleich: »Euer Widersacher, der Teufel, geht wie ein brüllender Löwe umher und sucht, wen er verschlingen kann. Leistet ihm Widerstand in der Kraft des Glaubens« (1 Petr 5,8)!

Das Jüngste Gericht konfrontiert uns mit der Frage: Hast du nach dem Hauptgebot der Liebe gelebt? Hast du Gott vertraut und die Menschen neben dir geliebt – wie auch dich selbst? Um Jesu willen siegt im Gericht das Erbarmen Gottes, vorausgesetzt, der Mensch nimmt es in seiner Freiheit an. Es gibt genügend Theologen, die annehmen, daß der Mensch sich im Tod selbst richtet, wenn er der »Sonne« Gottes begegnet, der unfaßbar großen Liebe, und dann zutiefst beschämt und schmerzlich empfindet, wie wenig er diese Liebe angenommen und weitergegeben hat. Der Mensch sieht dabei auch, was er richtig gemacht hat und wo er für andere Menschen ein Segen war. So reift er für das eigentliche Leben im absoluten Licht, in dem vor allem alle Dunkelheit von Sünde und Schuld dahinschmelzen.

Das Fegfeuer ist ein rein katholischer Begriff und meint die Läuterung, die jeder im Tod durchmachen muß, um fähig zu werden, in die innige Gemeinschaft mit Gott und den anderen einzutreten. Das Fegfeuer ist also eine Art Liebeskummer, kein Ort und kein Feuer. Wer einmal tiefen Liebeskummer durchgemacht hat, weiß, wie schlimm dieses Feuer »nach innen« brennen kann. Diese Läuterung hat auch mit Gerechtigkeit zu tun, denn wie soll der Kinderschänder »Platz nehmen« dürfen neben der Mutter des von ihm grausam getöteten Kindes? »Seelenwanderung« und »Wiedergeburt«, Begriffe aus anderen Religionen, drücken den Tatbestand des »Fegfeuers« ähnlich aus: Wer noch nicht ins absolute Licht eintauchen kann, weil zuviel Finsternis an ihm haftet, muß einen neuen Versuch starten. Da ist unser christlicher Glaube viel barmherziger: Ich muß nicht allein den Versuch wagen, der aufgrund unserer Bequemlichkeit und Gleichgültigkeit doch wieder scheitern kann, sondern mir hilft bei der Läuterung im Tod die (geschenkte) Gnade Gottes und die »Gemeinschaft der Heiligen«, das heißt, ich erfahre die Hilfe all derer, die diesen Prozeß schon hinter sich haben. Umgekehrt können wir mit unserem Gebet Gott darum bitten, daß die im Fegfeuer bald ganz in die Nähe Gottes eintauchen dürfen.

Die neue Schöpfung: Bevor der »neue Himmel und die neue Erde« (Offb 21,1) sichtbar werden, muß die Welt erst gleichsam durch ein Feuer gehen, in dem alle Eisberge der Boshaftigkeit schmelzen müssen, bis nur noch Harmonie und Friede, Gerechtigkeit und Liebe übrigbleiben. Die Menschen kommen mit Gott, miteinander und mit sich in Einklang. So erreichen sie wieder ihren Urgrund, aus dem sie hervorgegangen sind, der mit Freude, Schönheit und ewigem Frühling zu umschreiben ist.

Auferweckung der Toten: Alles Vergehen ist nur Verwandlung. Der Physiker Wernher von Braun schreibt: »In der Welt verschwindet nichts, ohne eine diskrete Spur zu hinterlassen. Wenn Gott dieses fundamentale Prinzip schon auf unbedeutende Teilchen seines grenzenlosen Universums anwendet, warum dann nicht bei seinem Meisterwerk, dem Menschen?« Im Tod, so nehmen die meisten Theologen heutzutage an, erlangt die Seele des Menschen, die den Körper verläßt, einen neuen Leib, der nicht mehr Raum und Zeit unterworfen ist und wie der Auferstehungsleib Christi ein durchgeistigter Körper ist. Im Grabe liegt also nur noch der Körper – wie der Schmetterling den leeren Kokon zurückläßt, wenn er sich in die Lüfte erhebt. Um Mißverständnissen vorzubeugen, wurde beim letzten Konzil deshalb ein Wort im Glaubensbekenntnis geändert: Es heißt nicht mehr »Auferstehung des Fleisches«, sondern »Auferstehung der Toten«.

Gemeinschaft der Heiligen: Ohne Gemeinschaft ist Kirche nicht denkbar. Bereits durch die Taufe treten wir in den Kreis derer, die zu Christus gehören. Nach dem Tod tauchen wir wieder in diese Gemeinschaft ein. Wir sind aus der Gemeinschaft von Mann und Frau entstanden und fühlen uns auch schon auf Erden in einer positiven Gemeinschaft am wohlsten. Zu Lebzeiten ist nach katholischer Auffassung die Verbindung mit dieser Gemeinschaft am dichtesten, wenn wir in der Feier dessen, was Christus uns aufgetragen hat, gemeinsam mit denen »auf« und »unter« und »über« der Erde Gott loben und danken in seinem Sohn Jesus Christus; er öffnete uns wieder alle Türen, die der Mensch in seiner Eigenliebe zugeschlagen hatte. Sie sehen an dem »auf« und »unter« ..., daß diese Glaubenswahrheiten nur in Bildern und Gleichnissen buchstabiert werden können. Menschen, die klinisch tot waren, berichten von ihren Nah-Tod-Erlebnissen als von Unaussprechlichem und davon, daß sie von geliebten Einzelpersonen abgeholt wurden, die sie zum Licht »am Ende des Tunnels« und zur Gemeinschaft führten. Diese Berichte beweisen nichts, geben aber in ihrer Übereinstimmung Hinweise darauf, daß unser Glaube richtig liegt, da er die Angst vor dem Tod nimmt. Ein Glaube, der Angst macht, kann nie der wahre sein, weil Jesus ja in die Welt kam, um uns von den Ängsten zu erlösen und wieder ins Urvertrauen zurückzuführen – er, die Verkörperung dieser Liebe des Vaters.

Über Jesus Christus und die Gemeinschaft der Heiligen dürfen wir für unsere Verstorbenen bitten, und unsere Verstorbenen können auch für uns die Gnade Gottes erflehen. Es gibt also wechselnde Verbindungen, bis wir einmal in das Fest dieser Gemeinschaft aufgenommen werden – wenn wir möchten.

Sünde ist jeder rücksichtslose Egoismus des Menschen, der unbeirrt seinen Vorteil sucht und dabei auch die Ausbeutung der Mitmenschen, ja der ganzen Schöpfung in Kauf nimmt. Kurz: Sünde ist jedes Verhalten gegen die Liebe, die Schönheit, die Wahrheit, die Gerechtigkeit ... Noch kürzer: In der Sünde wende ich Gott oder/und Menschen den Rücken zu; ich mißachte vor allem Gottes unendliche Liebe.

Reich des Todes: Im Glaubensbekenntnis heißt es: Jesus ist »hinabgestiegen in das Reich des Todes«. Das bedeutet: Jesu Liebe umfaßt auch alle Menschen, die vor ihm lebten und im »Reich des Todes« gewissermaßen hinter verschlossenen Türen saßen. Er ist Herr über Lebende und Tote.

»Aufgefahren« in den Himmel: Jesus kehrt vierzig (die Zahl ist auch symbolisch zu sehen: 40 Jahre zog das Volk Israel durch die Wüste; 40 Tage fastete Jesus) Tage nach seiner Auferstehung wieder zu seinem Vater zurück, da die wirkliche Heimat des Menschen der »Himmel« ist. Der Himmel ist der Zustand des absoluten Glücks, zu dem wir alle eingeladen sind. (Siehe auch Stichwort »Himmel« in diesem Kapitel.)

Er sitzt zur Rechten des Vaters: Ein symbolischer Satz, der von der Machtausübung Jesu spricht: An Gott, der ewigen Liebe, kommt niemand vorbei! Jesus bittet aber beim Vater für uns, ist also unser großer Fürsprecher.

Heilig bedeutet heil, geheilt, wieder ganz, glücklich, vollkommen; in Harmonie und Frieden. Alles Heilige fließt aus Gott, dem Ursprung aller Heiligkeit. Deshalb kann nur der in seine Nähe eintauchen, der alles Unheilige hinter sich läßt.

Es fehlt unter diesen Begriffen das Wort »Gnade«. Weil die große Theresia von Avila († 1582) sagte »Alles ist Gnade«, möchte ich noch etwas Erklärendes zur Gnade anfügen: Unser Glaube ist letztlich Gnade, d.h. ein Geschenk. Warum dieses Geschenk ausschlagen?

Eine Frau, die das Manuskript dieses Buches las, schrieb dazu spontan ihre Bekehrungsgeschichte auf. Sie läßt uns »Gnade« ahnen:

»Ich war viele Jahre von Gott entfernt; ich fand das alles eher langweilig und unwichtig. Bis ich eines Tages eher zufällig – und widerwillig! – in eine Open-air-Messe mit dem Papst in Kevelaer geriet. Meine Vermieterin hatte mir regelrecht eine Eintrittskarte dazu aufgezwungen.

Es war auch nicht so sehr der Papst, obwohl auch er beeindruckend war – als vielmehr sein ›Vorredner‹ im Vorprogramm. Er sagte nämlich: ›Der Glaube ist ein Geschenk, ich muß nur beide Hände freihaben, um es annehmen zu können.‹ Dieser Satz hat mich so betroffen gemacht. Denn mir wurde klar, daß ich bis zu diesem Moment den Glauben gar nicht haben *wollte*. Und von da an begann meine Hinwendung zu Gott, die schon eher eine 180-Grad-Kehrtwendung war.«

Obige Erklärungen müssen allesamt noch auf die »Ebene« des Kindes heruntergeholt werden. Dazu ein Beispiel:

Ein Kind fragt: »Wo ist jetzt der Opa?« Die Antwort könnte je nach Alter aus dem Folgenden etwas herausgreifen: »Der Körper liegt im Sarg unter der Erde. Aber was den Opa lachen und singen ließ und all das, was wir an ihm geliebt haben, seine Seele, die ist jetzt ganz und für immer bei Gott und bei allen, die wir liebhaben (= im doppelten Sinne: er ist uns Lebenden ganz nah, weil ja Raum und Zeit im Tod aufgehoben sind; er ist aber auch in die Gemeinschaft der Heiligen eingetaucht, also bei allen, die ihm lieb sind, die aber auch bereits gestorben waren). Du darfst ruhig weiter mit ihm sprechen, auch wenn du ihn nicht mehr siehst; wie wir ja auch mit Jesus und unserem Schutzengel sprechen, die wir auch nicht sehen. Und du kannst sicher sein: Opa bittet jetzt auch bei Jesus für dich und uns und hält seine Hand über uns ...«

Jörg Zink, evangelischer Pfarrer und Schriftsteller (* 1922) gibt die folgende sehr schöne Antwort:

»Wenn ich einem Kind die Auferstehung erklären müßte, würde ich es folgendermaßen tun, und ich wünschte mir, daß diese schlichte Sprache auch ein Theologe begreifen könnte:

Ein Kind fragt: Wo sind die Toten? Es hat gesehen, wie man einen Sarg in die Erde gesenkt hat, und darin lag der Großvater. Wo ist der Großvater nun? Ist es nicht kalt für ihn im Grab? Wird er nicht naß, wenn es regnet? Ist es nicht schrecklich eng und dunkel da unten in der Erde?

Und ich erkläre ihm: Unseren Körper brauchen wir hier auf dieser Erde. Wenn wir hinübergehen in das andere Leben, brauchen wir ihn nicht mehr. Der Körper ist wie ein Kleid. Ein Kleid ist wichtig, wenn es kalt ist und der Wind weht. Es macht warm und kann auch schön sein. Aber abends, wenn wir schlafen gehen, ziehen wir unser Kleid aus und hängen es über einen Stuhl.

Wenn jemand stirbt, zieht er seinen Körper aus wie ein Kleid. Das Kleid legt man in die Erde. Man braucht es nicht mehr. Der Mensch bekommt von Gott ein neues Kleid, und das ist noch schöner als das, das er hier getragen hat.

Da unten im Grab liegt also nicht der Großvater. Der ist anderswo, wohin wir ihn nicht begleiten können. Aber wir gehen immer wieder zu seinem Grab und schmücken es mit Blumen, weil wir ihn noch immer lieben und an ihn denken. Und wir danken Gott, daß wir ihn nicht nur in ein Grab, sondern vor allem in seine Hände legen durften.

Manchmal aber merken Menschen, die besonders aufmerksam sind, wie ein Mensch, den sie begraben haben, mit ihnen Verbindung aufnimmt, ihnen erscheint oder zu ihnen spricht. Denn die Toten sind nicht weit weg, und die Wand ist dünn zwischen unserer Welt und der größeren, der Welt Gottes.«

(Jörg Zink, Dornen können Rosen tragen. Mystik – Die Zukunft des Christentums.
Kreuz Verlag 1997, S. 334)

Ein kleiner Tip zum Schluß:
Notieren Sie alle Fragen Ihres Kindes, auf die sie nur unbefriedigend antworten können. Und wenn die Seite im Notizblock gefüllt ist, schließen Sie sich mit noch ein paar Eltern zusammen, die ähnliche Probleme haben und melden sich beim Pfarrer für ein Gespräch an oder erbitten über die Kindergartenleitung einen Termin. Es wäre fair, einen Teil dieser Fragen dem Pfarrer, Kaplan, der Gemeindereferentin oder ... vorab vorzulegen, damit das Gespräch im Miteinander stattfinden kann, denn auch Theologen sind nicht vom Himmel gefallen!

(In diesem Kapitel wiederholt sich manches, ist aber der Einfachheit halber hier zusammengefaßt.)

Mache ich als Pfarrer bei einer Krabbelgruppe im Gruppenraum des Pfarrhauses einen Kurzbesuch, kommt die Rede sehr schnell auf religiöse und christliche Erziehung, und sofort wird die Diskussion lebendig. Biete ich einen entsprechenden Themenabend in der Pfarrgemeinde an, verlieren sich nur wenige dorthin. Die Entschuldigungen: Der Tag war wieder so anstrengend; der Partner zeigte sich nicht interessiert und überhaupt ...

Deshalb nutze ich seit Jahren bei den Jahreshauptversammlungen der Kindergärten die Möglichkeit, um nach den anstehenden Wahlen noch ca. fünf Minuten (nicht viel länger) ein paar Gedanken einzubringen. Immerhin erreiche ich dann gut die Hälfte der Eltern. Weil wir im Pfarrgebiet allein drei katholische Kindergärten anbieten, lasse ich mir bei all der Verwaltungsarbeit, die diese Einrichtungen mir bescheren, hier nicht den Mund verbieten!

Bei dieser Versammlung kann es »lauten Typen« gegenüber nicht schaden, an geeigneter Stelle unterzubringen: »Sie und ich *glauben*. Sie sagen vielleicht ›Ich glaube nicht‹; ich sage ›Ich glaube‹. Beide können wir nichts beweisen. Wir *glauben* also beide.« – Das ist wichtig beim Diskutieren, damit jede Seite sich auch zurücknehmen kann.

Im folgenden zehn Versuche, sich bei Elternabenden einzubringen. Die ersten fünf bewegen sich im Vorfeld; zunächst muß ich ja manche durch Vorurteile verschlossene Tür öffnen. Natürlich kann auch eine Kindergartenleitung eine solche Einführung übernehmen.

1 Wertevermittlung

Ohne ethische Werte kommt keine Gemeinschaft, keine Gesellschaft aus. Auch die solidesten Versicherungsunternehmen gehen kaputt, wenn *jeder* betrügt. Die Bindekraft der Werte wird zunehmend geringer. Immer mehr Schüler neigen zur Gewalt. Immer mehr »Einzelkämpfer« sorgen nur für ihre persönliche Selbstverwirklichung und überschreiten dabei die Grenzen zum Freiheitsbereich der anderen. Dem Elternhaus bleibt die wichtigste Rolle in der Vermittlung der Werte. Doch immer weniger Eltern finden Zeit und Lust dazu. Es hat sich die Mentalität breit gemacht: »Wir bezahlen ja für die Verkehrsschule, soll die mal die Regeln des Verkehrs beibringen«, »die Schule muß die sexuelle Aufklärung liefern«, »die Kirche das Religiöse und Christliche vermitteln«. Das alles verkennt: *Sie,* liebe Eltern, sind der erste Wertevermittler.

Es ist zu beobachten, wer nach »oben« nichts Heiliges (mehr) anerkennt, tritt um so hemmungsloser nach »unten«. Die Religion und das Christentum können Ihnen dabei helfen, dem Kind ein Gewissen mitzugeben, das auch noch in der Pubertät, wenn die Ausrichtung am Vorbild der Eltern oft zerbricht, eine feste Orientierung bietet. Die sogenannten Zehn Gebote entsprechen eigentlich »nur« jahrhundertelangen Erfahrungen von Gemeinschaften, die gesund bleiben wollen: Lüge nicht! Stiehl nicht! Morde niemanden! Nimm dem anderen nicht den Ehepartner weg ...! Wirksam sind sie nur, wenn das »elfte Gebot« nicht zum obersten Gebot wird: »Du darfst alles, du darfst dich nur nicht erwischen lassen!« Die Orientierung an Gott, Inhalt der ersten drei der Zehn Gebote, ist also unerläßlich. Darum öffnen Sie bitte Ihre Erziehung für eine bewußte Ausrichtung auf Gott.

2 Das Wichtigste nicht vorenthalten

Ein Betrunkener tippt auf dem Bahnsteig einem Entgegenkommenden mit seiner Flasche an die Brust: »He, glaubst du an Gott?« Der windet sich und ringt sich dann ein verlegenes Ja ab. Worauf der mit dem kaputten Gesicht sich abdreht und noch sagt: »Mensch, hast du es gut!«   *(Nach Ludolf Ulrich)*

Unterlassen Sie, liebe Eltern, in Ihrer Erziehung das Wesentliche? Albert Biesinger nennt es in seinem Buchtitel: »Kinder nicht um Gott betrügen«: Beten Sie mit Ihrem Kind? Wie das geht? Muß ich nicht warten, bis das Kind etwas davon im Kopf versteht?

70 % der Eltern in den alten Bundesländern befürworten eine religiöse, ja christliche Erziehung. Aber nach Umfragen beten nur 20 % mit ihren Kindern. Da stimmt doch was nicht!

Wenn Sie daran interessiert sind, hier mehr zu erfahren, dann sprechen Sie die Kindergartenleitung oder den Pfarrer auf einen speziellen Abend an.

3 Die entscheidenden Lebensphasen
(Zettel und Stifte liegen bereit)

Nach Erkenntnissen der Entwicklungspsychologie sind drei Lebensphasen für einen Menschen entscheidend: Die ersten fünf Lebensjahre, das Alter zwischen 12 und 17 sowie das zwischen 20 und 25 Jahren. Innerhalb dieser Zeiträume fallen die wichtigsten Entscheidungen. Wenn Sie, liebe Eltern, sich zurückerinnern: Mit 20 – 25 haben Sie sich verbeten, daß sich Ihre Eltern zu sehr in Ihre Angelegenheiten einmischten; wurde der Druck zu groß, sind Sie ausgezogen. Erinnern Sie sich einmal zurück an das Alter zwischen 12 und 17: Da haben Sie den Eltern schon deshalb nicht mehr recht gegeben, weil sie es waren, die das unter Umständen Vernünftige sagten. Heutzutage ist es übrigens bitter zu sehen, wie früh schon das Umfeld über Freunde des Kindes in die Familie hineinwirkt und wie schnell ein Kind sich seiner Familie entfremden kann, wenn es an falsche Freunde gerät. So bleiben Ihnen eigentlich nur die ersten fünf Lebensjahre, in denen Sie nachhaltig Einfluß auf die Entwicklung Ihres Kindes nehmen können. Wenn ein Kind in dieser wichtigen Zeit die kleinen Wunder am Wege nicht sehen lernt, das Teilen und das Frieden-Halten nicht übt, nicht lernt, Probleme zu lösen und Hindernisse selbständig zu überwinden, dann ist schon vieles zu spät und nur mühselig nachzuholen. Das gilt auch für die religiöse und christliche Erziehung. Hat ein Kind in den ersten fünf Jahren keine »Antenne« für Gott entwickelt, nicht das »dritte Auge« dafür, daß ein Stückchen Brot schon deshalb heilig ist, weil es so viele Kinder in der Welt vor lauter Hunger »anbeten«, wird es schwierig: Dann kann es zwar als Kommunionkind oder Konfirmand das »lebendige« Brot in die Hand gelegt bekommen, aber es bleibt wahrscheinlich blind für das eigentliche Wunder.

Wenn Sie möchten, geben wir Ihnen gerne Hilfen für diese religiöse und christliche Erziehung. Schreiben Sie bitte auf die ausgelegten Zettel anonym Ihre Fragen, die alles im Leben des Kindes berühren können (Religion will ja »Lebenshilfe« sein). Kommt eine genügende Anzahl zusammen, werden wir in absehbarer Zeit einen eigenen Abend dazu anbieten. Würden Sie sich jetzt also bitte ein paar Minuten Zeit nehmen! Sie können sich dabei auch ruhig mit Ihrer Nachbarin oder Ihrem Nachbarn beraten. Danke.

4 Das »dritte Auge«

Aus dem III. Kapitel dieses Buches »Mit dem Herzen sehen lernen« erzählen und die Geschichte »Vom Korb mit den wunderbaren Sachen« vorlesen (vgl. S. 18). Wo dieser »Korb« überall stehen kann, in eine eventuell sich anschließende Diskussion einfließen lassen.

5 Von der Wichtigkeit des Unbewußten

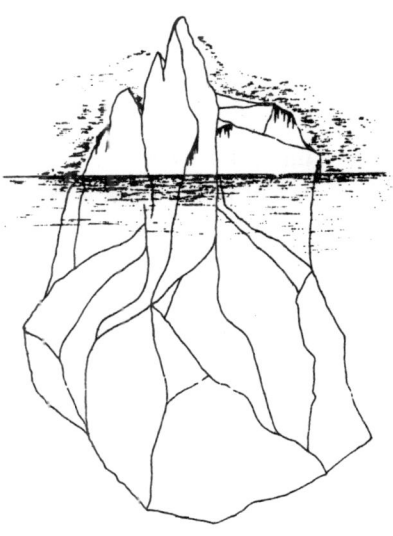

(Nebenstehende Grafik vom Eisberg vergrößert mitbringen)

Nur ein Siebtel eines Eisberges ragt aus dem Wasser (Bild zeigen). Psychologen sagen: Ähnlich ist es mit unserem Unbewußten. Wir nehmen zwar vieles auf, aber das meiste setzt sich ins Unbewußte ab und entzieht sich der Kontrolle des Verstandes. In Träumen steigt es manchmal nach oben. Das kann die Ursache sein, wenn Ihr Kind mitten in der Nacht schreit: Etwas Beängstigendes taucht aus der Tiefe der Erinnerungen auf.

(Zeichnung: K-.-H.Hamacher, Bergheim)

Zunehmend klagen Lehrer/innen über mangelnde Konzentration der Kinder. Auch Erzieherinnen berichten übereinstimmend, wieviel eher als früher das Zuhören-Können nachläßt. Aber überlegen Sie, liebe Eltern, was ein Kind allein aufnimmt, wenn es pro Tag drei Stunden fernsieht, wie es laut Umfragen bei vielen Kindern der Fall sein soll!

Nun fragen Sie sich bitte, wie viele Minuten von den 168 Stunden der Woche religiösen oder christlichen Inhalt haben! Hat das bißchen überhaupt eine Chance, wenn es in diesen Sack geschüttet (auf den Eisberg zeigen!) wird? Müssen wir uns dann wundern, daß die »Antenne« des Kindes für das Religiöse unausgebildet oder überlagert ist? Konnten Sie bereits feststellen, daß Ihr Kind, wenn es mal ruhiger in der Familie zuging oder Sie beten wollten, stöhnte: »Ist das langweilig!« Dann schalten Sie ruhig die Alarmstufe ein, weil die Turbulenz im Kind immer neue Turbulenz verlangt, es deshalb in der Schule oder in der Kirche abgelenkt ist und nicht mehr richtig zuhören kann. Wenn die Väter also später vom Kind mehr »Leistung« sehen möchten, dann fangen Sie auch hier mit der Erziehung zu mehr Konzentration, d.h. zu weniger Konsum an. Wer die »Antenne« für das Stille, Zarte, Schöne, Religiöse wachsen lassen möchte, gebe davon mehr ins Unbewußte als ein paar Minuten in der Woche. Es ist für Ihr Kind auch emotional wichtig, wenn Sie bei der wichtigen Abendkuß-Verabschiedung Ihre großen Hände um die kleinen legen und einfach nur »Danke, guter Gott« für manche Ereignisse des Tages sagen! Wie toll aber wäre das für das Kind, wenn der Vater sich dafür ab und zu die Zeit nähme!

6 Der fließende Übergang von der religiösen zur christlichen Erziehung

Sie bringen den Daumenabdruck von Seite 67 vergrößert mit und beginnen mit dem Abschnitt neben der Grafik: »Sie sehen einen ... « und lesen bis zum Ende. Dabei lassen Sie aus, was Ihnen für die Zuhörerschaft zuviel erscheint. Diese Ausführungen erscheinen mir wichtig, weil sie Eltern, die bewußt aus der Kirche ausgetreten, aber für die Erziehung zur Bewahrung der Schöpfung sind, signalisieren, daß sie sich darin angenommen fühlen dürfen und sie gar nicht so etwas Unüberwindliches vor sich haben, wenn sie einen Schritt weitergehen möchten, nämlich den Schritt zum Christlichen.

7 Sich gehalten fühlen

(Sie zeigen eine größere Büroklammer)

Sie wissen, welch ein Segen so eine Büroklammer ist. Sie begrenzt manche Unordnung, hält Bestellungen und Rechnungen, Forderungen und Quittungen zusammen. Dabei ist die Büroklammer nur ein Stückchen Draht, gebogen zu einer kleinen und einer großen Schleife: die große Schleife umarmt die kleine. So hält sie Einzelteile zusammen. Die Kraft dazu erwächst aus der Spannung der beiden Schleifen.

Vielleicht haben Sie bei den Worten »Umarmung« und »Spannung« geahnt, worauf ich hinaus will. Die Büroklammer soll als Symbol der Bindung zwischen dem Kind, der kleinen Schleife, und der großen von Vater und Mutter stehen. Die Bindung zwischen Kindern und Eltern kommt in unserer Zeit oft zu kurz. Für die Wunschkinder bleibt bei unserem Streß kaum noch Zeit. In den ersten Jahren braucht aber das Kind die spürbare Nähe, in der es sich gehalten fühlt, und es muß sich ihrer sicher sein. Ist das nicht gegeben, so hat Jirina Prekop in ihrem Buch »Hättest du mich festgehalten« ausgeführt, greift das Kind zu Ersatzbefriedigungen, zeigt mangelndes Selbstvertrauen, eine geringe Frustrationstoleranz, Geduld und die Fähigkeit, Verantwortung zu übernehmen, fehlen ihm. Wahre Reife und innere Freiheit wachsen nur da ausreichend, wo liebevolle Bindung erfahren wird. Sie wird übrigens in Afrika für das Kind hautnah spürbar, weil es immer mitgetragen wird.

Wenn Sie abends das Kind noch einmal in die Arme nehmen, damit auch seine Seele sich ohne Angst ins »Bett« legen kann, dann ist der günstigste Augenblick gekommen, es beim Gebet in den Armen zu halten und gemeinsam aufzuschauen und Gott danke zu sagen. Das sind Momente, die das Kind ein Leben lang stärken werden. In dieser Spannung kann auch einmal das Miteinander von Gott und Mensch für das Kind zu einer spannenden Geschichte werden.

(Nach Felicitas Hestermann)

8 Erkenntnisse aus der Drogenberatung

Sie suchen aus dem II. Kapitel die wichtigsten Fakten aus, erzählen sie mit eigenen Worten oder lesen Passagen vor. Es geht darum, den Eltern klarzumachen: Wer »innen« etwas mitbekommt, ist viel weniger gefährdet. Zum »Innen« kann die religiöse und christliche Erziehung einen wichtigen Beitrag leisten. (Achtung: Der Punkt »Kinder brauchen Nähe« ist in diesem Kapitel unter Punkt 7 eigens entfaltet!)

9 Ehrlich bleiben, auch in der christlichen Erziehung

Ehrlichkeit haben sich junge Eltern für die sexuelle Erziehung vorgenommen. In der christlichen Erziehung (St. Martin, Nikolaus, Christkind, Osterhase) glauben viele, um der staunenden Augen der Kinder willen da großzügiger sein zu können. Fragt sich nur, wer dabei das Vergnügen hat: Auch das Kind, wenn ich an den »zweiten Blick« denke? Was alles wird im Kind zerstört, wenn vieles, was ihm gesagt wurde, so nicht stimmt!?

Lesen Sie aus dem VI. Kapitel, Seite 70f, »Ehrlich bleiben« vor. Und ich garantiere Ihnen eine heiße Diskussion – länger als fünf Minuten!

10 Hilfe, die Väter!

Wählen Sie aus dem folgenden die Akzente, die Ihnen, der Kindergartenleitung oder Seelsorgekraft, wichtig erscheinen:

Viele Männer scheinen bis in die Gene hinein »behindert« zu sein: Sie urteilen zu sehr vom Kopf her, entwickeln sich viel später in der Sprache, das Entschuldigen fällt schwer, das Jammern in Tagen der Krankheit ist ausgeprägter ... In Fragen der Erziehung bzw. der religiösen Erziehung erscheint das Defizit noch größer. Es gibt zwar eine beträchtliche Menge junger Männer und besonders Väter, die sich partnerschaftlich um das Kleinkind bemühen, aber Untersuchungen zeigen, daß der Rückfall ins Paschatum bei vielen wieder einsetzt, sobald die Kinder größer werden: »Nun halt mir die Kinder vom Hals, ich möchte gern die Sportsendung sehen. Ach ja, 'ne Flasche Bier kannst du mir noch bringen!« Geht es bei Telefongesprächen um Erziehungsfragen, klinken sich Väter gerne aus: »Ja, dann gebe ich Ihnen mal meine Frau!« Wie viele Väter zeigen sich bei Elternversammlungen? Liegt das an einer scheinbar naturgemäß stärker »rationalen« Ausrichtung von Männern, oder zeigt sich hier etwas, was in Jahrhunderten langsam gewachsen ist?

In der christlichen Erziehung ist die »Behinderung« noch gravierender, das zeigt sich schon daran, wo Männer sonntags im Gottesdienst am liebsten stehen! Eher als mit einem naturgegebenen Phänomen nehme ich an, daß dies Folge von Erziehung ist.

Immer, wenn ein Junge mit Religion oder Christentum in Berührung kommt, hat er mit Frauen zu tun: mit der Mutter beim Abendgebet oder mit der Großmutter (wie sähe die religiös-christliche Erziehung heutzutage ohne die Großmutter aus!?); im Kindergarten begegnet er Erzieherinnen, in der Grundschule sind es meist Lehrerinnen, bei der Kommunionvorbereitung sind es Katechetinnen – Väter sind in der Regel beruflich verhindert – und wenn der Junge bei einer Ministrantengruppe mitmacht, bei der es nicht nur um Fußballspielen und Dienstplan geht, stehen wieder weibliche Wesen vor ihm. Wächst er dann langsam zum Mann heran, orientiert er sich am Vater, den aber der Sport oder der Computer interessiert. Kann es nicht sein, daß er in dieser Phase mit der Distanz zum Weiblichen auch die Religion ablegt? Ich versehe das mit einem Fragezeichen, weil ich mich bei dieser Behauptung nicht so sicher fühle. Aber sie ist doch eine Überlegung wert.

Außerdem gibt es so viele kleine, nervige »Chaoten« und verwöhnte »Prinzen«, und die meisten Disziplinschwierigkeiten – auch an weiterführenden Schulen – verursachen Jungen; 90 % der Strafgefangenen sind männlich. Auch Zufall?

Im Märchen »Hänsel und Gretel«* jagt zunächst die Stiefmutter die Kinder aus dem Haus. Die Hexe am Knusperhäuschen ist in einer frühen Fassung das »Mütterlein Hexe«, also die richtige Mutter, die mit prallen und mit honigsüßer Milch gefüllten Brüsten Hänsel zu trinken gibt. Der Bruder wird ganz sanft angepackt, sie trägt(!) ihn sogar in den kleinen Stall, den sie versperrt; ihm wird das beste Essen

---

* Die tiefenpsychologische Deutung des Märchens nach einem Vortrag des Philosophen und Psychotherapeuten Matthias Jung, Lahnstein.

gekocht, er braucht nicht zu arbeiten. Und Gretel? »Steh auf, Faulenzerin, trag Wasser und koch deinem Bruder was Gutes!« Gretel selbst bekommt nur magere Kost. »Spar dein Geplärre!« hört Gretel, wenn sie aufmuckt.

Der Junge lebt also im sogenannten »Hotel Mama«. Sieht er sich im Leben nach einem Mädchen um, möchte die Mutter ihn ganz für sich behalten, ihn am liebsten in ein Ställchen sperren; sie ist so verhext, daß sie ihren Sohn vor lauter Liebe »fressen« möchte.

So verhätschelte, überverwöhnte »Prinzen«, ja Chaoten, auf die wir hier und da treffen, lieben die nicht sehr schnell die Rolle des Pascha, unter dessen Würde es später ist, im Haushalt mitanzupacken? Ein Mädchen dringt oft nur zum Jungen vor, indem es die alles beherrschende dominante Mutter listig in den Ofen stößt, damit sie verbrennt; denn nicht alle schaffen die elegante Tour, es am Valentins- oder Muttertag mit einem Blumenstrauß zu versuchen.

Zuerst muß sozusagen die zweite Nabelschnur durchgeschnitten werden; nicht halb durchtrennen, denn sonst schleift sie über dem Boden. Dieses Abtrennen geht nicht friedlich: Es ist ein schmerzhafter Vorgang, in dem der Sohn nicht nur aus dem Paradies der Mutter vertrieben wird; er muß sich ja auch noch selbst heraustreiben; andernfalls bleibt er fordernd und angewiesen und Kind. In dem gewaltigen Feuer des Ofens wird eigentlich nicht die Mutter, sondern die Mutterrolle, die nicht loslassen will, verbrannt. Dieser schmerzhafte Prozeß ist aber notwendig, damit nicht so viele Erzieherinnen an einem »Prinzen« leiden oder Frauen in einer Ehe an einem Pascha kaputtgehen. Oder sogar Mütter später ausgebootet werden, wenn ihr Junge schließlich in seinem Mädchen wieder einem »Hotel Mama« begegnet, das jetzt das absolute Sagen hat, weil der Sohn nie lernte, sich zu wehren und darum seine Ruhe haben will. Dieses Thema zu diskutieren, erscheint mir wichtig wegen seiner Auswirkungen auf die Erziehung, auch auf die religiös-christliche. Ein gemeinsames Überlegen kann dazu beitragen, daß Frauen versuchen, zunächst in der Erziehung des männlichen Nachwuchses neue Wege einzuschlagen, um den Teufelskreis zu durchbrechen, und auch mehr unternehmen, ihre Männer zu Abenden mitzubringen, in denen es um Erziehung geht.

Zum Personal an christlichen Kindergärten

Darf ich hier mal Klartext sprechen, wenn die religiös-christliche Einstellung in einem konfessionellen Kindergarten fehlt? Natürlich ist den meisten Eltern am wichtigsten, daß ihr Kind untergebracht ist. Und in dieser Einrichtung einen Arbeitsplatz gefunden zu haben, bringt ja auch Lebensqualität für das Personal mit sich. Ist hier aber keine christliche Ausrichtung spürbar, die von den örtlichen Seelsorgekräften gefördert und begleitet wird, ist das Kirchensteuergeld zweckentfremdet, und die Einrichtung sollte in andere Hände gelegt werden. Wir sind sonst Komplizen derer, die das Wichtigste an Kindern versäumen: Nämlich ihnen zu sagen, woher sie kommen und wohin sie gehen; daß Gott sie liebt, so wie sie sind, und daß Jesus in die Welt kam, um uns als (unsichtbarer) Freund im Auf und Ab des Lebens zur Seite zu stehen. Wir dürfen Kinder nicht um Gott und Jesus betrügen!

VIII Wie es weitergehen kann
Zielgruppe: Eltern, Erzieher/innen, Lehrer/innen

»Wir haben eine neue Küche – aber das Schweigen während der Mahlzeiten wird immer länger!« Bei einer solchen Feststellung müssen doch alle Warnlampen angehen. Es ist Zeit, etwas zu unternehmen, damit die Ehe oder Partnerschaft nicht noch weiter gefährdet wird. Wenn es aber um das Wichtigste in der Erziehung geht, kann es da Aufschub oder Geduld geben? Kann es bei uns noch schlimmer kommen, wenn ich höre, wie viele Kinder und Jugendliche noch in Kirchen auftauchen oder wie viele Eltern ihren Kinder nicht mehr das Wesentliche von Weihnachten erzählen können? Da tröstet auch nicht darüber hinweg, daß die jungen Kirchen außerhalb Europas ein ganz anderes Christentum leben. Wenn auch dort einmal jeder sein Auto in der Garage und ein Videogerät im Wohnzimmer stehen hat, kennen sie am Wochenende wahrscheinlich auch eine Alternative zum gemeinsamen Kirchgang.

1 Dem »Kihawi« wehren

Bei Traugesprächen habe ich manchmal ehemalige Ministrantinnen oder Ministranten vor mir, die ca. zehn Jahre durch diesen Dienst gegangen sind, dann aber jahrelang untertauchten. Da frage ich manchmal nach, ob sie nicht etwas vermißt haben. Und ich möchte wissen: Warum spielt ihr jetzt U-Boot? Fast immer kommt die wohl ehrliche Antwort: »Nicht Kritik an der Kirche ist daran schuld. Nein, es ist Bequemlichkeit.« Aber aus der Bequemlichkeit wächst die gefährliche Gleichgültigkeit.

Da erinnere ich mich oft an einen afrikanischen Mitbruder, der nach längerem Deutschlandaufenthalt schon vor ungefähr 20 Jahren schrieb: »Ich fühle mich gedrängt, euch zu erklären, was ›Kihawi‹ bedeutet. Diese kleine Pflanze wird nur drei Zentimeter hoch, sieht wie Gras aus und ist eine Schmarotzerpflanze. Sie saugt dem Mais die

Nahrung aus den Wurzeln wie ein Moskito das Blut aus dem menschlichen Körper. Wir haben hier am Njassa-See genug Schwierigkeiten mit den alten Bräuchen, die dem Christentum wie Kihawi die Kraft aussaugen. Aber ich war überrascht zu sehen, daß diese Schmarotzerpflanze auch bei euch wächst: Wieviel Prozent der Christen kommen noch in die Kirche und das noch unregelmäßig? Mir haben eure Kinder in der Schule gesagt:›Ja, ihr seid in Afrika arm, darum glaubt ihr fest. Aber wir in Europa haben alles, darum brauchen wir Gott nicht mehr.‹ Laufen die Kinder auch deshalb weg, weil die Erwachsenen durch Gleichgültigkeit und Oberflächlichkeit Ärgernis geben?«

(Gekürzter Brief des Paters Mpangera)

Wer hin und wieder den Sonntagsgottesdienst versäumt, ab und zu das Beten vergißt, dessen Verbindung zur Kirchengemeinde und mit Gott reißt deshalb noch nicht ab. Natürlich kann man den Sonntag auch ganz anders planen: Lange schlafen, Musik hören, Sport treiben, ein Museum besuchen – das sind gängige Alternativen. Aber irgendwann, nicht unversehens, hat »Kihawi« die Wurzeln, die mich mit der Gemeinde und mit Gott verbinden, ausgesaugt. Wo stehen Sie, liebe Leserin, lieber Leser?

2 Bei mir selbst anfangen

Ein deprimierter Priester – davon gibt es immer mehr – gab die Annonce in der Zeitung auf: »Mit dem Ausdruck tiefsten Bedauerns gebe ich den Tod der Kirche N.N. (denken Sie an Ihre Kirche) bekannt. Die Trauerfeier ist Sonntag um 11 Uhr.« Wahrscheinlich kennen Sie die Geschichte und wissen, wie sie weitergeht. Alle zogen langsam an dem Sarg vorbei und wollten die »Leiche« dieser Kirche sehen, beugten sich hinab und erblickten in einem Spiegel – sich selbst.

Wenn Sie keine Alternative zur Kirche wissen und Ihr wiederholtes Angebot der Mitarbeit an familienfreundlichen Gottesdiensten nichts gebracht hat, dann schließen Sie sich noch mit ein oder zwei gleichgesinnten Familien zusammen und suchen im Umkreis nach Mitwirkungsmöglichkeiten. Das ist jedenfalls besser als resigniert aufzugeben. Das mit »ein oder zwei gleichgesinnten Familien« soll kein öffentlicher Aufruf zum Auszug aus der Gemeinde bedeuten, aber es kommt die Zeit, da ist Ihrem Kind die Anwesenheit seiner Freunde auch in der Kirche wichtiger als das, was »da vorne« geschieht.

3 Farbe bekennen

Das Christsein darf keine Privatsache bleiben. Das Christentum ist die Alternative zum »Mehr als alles«. Viele betrachten es nur als Herzenssache fürs stille Kämmerlein, die niemand etwas angeht. Jesus sprach aber von einem Missionsauftrag: »Geht hin in alle Welt ...!« Wer von etwas wirklich überzeugt ist, der spricht auch davon; der wirbt und engagiert sich, der strahlt aus. Vielleicht fangen Sie damit an, auf das Heck Ihres Autos einen kleinen Fisch zu kleben. Der Fisch war in den ersten Jahrhunderten während der Verfolgung das Geheimzeichen für Christus und die Christen.

Wenn ein Durchreisender damals zum Beispiel nach Rom kam, dann brauchte er nur dem Wegweiser in Form eines Fischkopfes nachzugehen, um den geheimen Versammlungsort der Christen in den Katakomben herauszufinden. Das Wort Fisch heißt griechisch ICHTHYS und meint: I = Jesus, CH = Christus, TH = Gottes, Y = Sohn, S = Erlöser. Da begegnet Ihnen im Wort also der Kern unseres Glaubensbekenntnisses!

Es ist auch nicht meine Art, in der Öffentlichkeit groß etwas ins Schaufenster zu stellen. Aber wovon ich überzeugt bin, davon bin ich erfüllt. Und es ist *eine* Übung, endlich Flagge zu zeigen. Darum hier die Adresse, bei der Sie Fisch-Aufkleber (ca. 2 DM) bestellen können: Firma Uljo, Im Ziegeleiweg 12, D 57627 Hachenburg, Tel. 02662/9546-0, Fax 02662/9546-20.

Denken wir daran:
Nur *tote* Fische schwimmen mit dem Strom!
Und:
Der Weg zur Quelle führt gegen den Strom!